曹薰铉、李昌镐精讲围棋系列

李昌镐围棋研究室 —— 编著

# 精讲围棋手筋 ❻

化学工业出版社
·北京·

图书在版编目（CIP）数据

精讲围棋手筋. 6/ 李昌镐围棋研究室编著. —北京：化学工业出版社，2020.6
ISBN 978-7-122-36475-3

Ⅰ.①精⋯ Ⅱ.①李⋯ Ⅲ.①围棋-对局（棋类运动）Ⅳ.①G891.3

中国版本图书馆CIP数据核字（2020）第046950号

责任编辑：史 懿　　　　　　　　　　装帧设计：刘丽华
责任校对：王 静

出版发行：化学工业出版社（北京市东城区青年湖南街13号　邮政编码100011）
印　　装：大厂聚鑫印刷有限责任公司
710mm×1000mm 1/16　印张12　字数180千字　2020年9月北京第1版第1次印刷

购书咨询：010-64518888　　　　　　　售后服务：010-64518899
网　　址：http://www.cip.com.cn
凡购买本书，如有缺损质量问题，本社销售中心负责调换。

定　　价：49.80元　　　　　　　　　　　　　　版权所有　违者必究

## 手筋——围棋之花

很多围棋爱好者常有这样的感叹,自己的布局下得还不错,但中盘不知什么原因,下得一塌糊涂,对此感到十分茫然。《精讲围棋手筋》正可以解决广大爱好者的这一苦恼。

"手筋"是指在围棋的局部战斗中,可以最大限度地发挥棋子效率的技术,因而有"围棋之花"的美誉。如果不能正确掌握围棋手筋这一技术,根本无法与对方进行复杂的战斗。

布局暂告一段落后,双方即进入了中盘的战斗。进入中盘后,很多围棋爱好者都比较喜欢局部的拼杀,而职业棋手则有更强的全盘作战欲望。不夸张地说,对围棋手筋的掌握和利用,是取得中盘战斗胜利的秘诀。

《精讲围棋手筋》共六卷,其中前两卷针对初级水平的读者,后四卷适合中高级水平的读者。每卷收集了120余个问题,并配以详尽的解说。各位读者通过循序渐进的学习,不知不觉中可以发现自己的棋力已有了明显的进步。

李昌镐

2020年5月

围棋是中国的国粹，它能启发智力，开拓思维，是一项非常有益的修身养性的娱乐活动。成人通过学习围棋，可以培养自己良好的心境和大局观；儿童通过学习围棋，可以培养耐心，提高专注力，锻炼独立思考能力，挖掘思维潜能。学习围棋对课业学习也有十分明显的帮助。

那么如何学习围棋？如何学好围棋？什么样的围棋书才能更有针对性地提升棋艺水平？

韩国棋手曹薰铉、李昌镐不仅是韩国围棋的代表人物，在国际棋界也有举足轻重的地位。我们经与曹薰铉、李昌镐本人直接接洽，使得本系列书得以顺利出版。

本系列书包括定式、布局、棋形、中盘、对局、官子、死活、手筋共8个主题，集曹薰铉、李昌镐成长经验和众多棋手的智慧于一体，使用了韩国职业棋手的大量一手资料，其难度贯穿了围棋入门、提高、实战和入段等各个阶段，内容覆盖了实战围棋各个方面，是非常系统且透彻的围棋自学读物。

《精讲围棋手筋》详细讲解了手筋在吃子、对杀、攻击、防守、死活、官子等围棋各个阶段中的应用，例题丰富，循序渐进，以引导和启发为出发点，着重培养围棋爱好者的学习兴趣和思维方式，重视第一手感觉的培养，强调实战应用。

本书由陈启承担资料翻译、整理工作，由石心平、范孙操负责稿件审校，并得到曹薰铉、李昌镐围棋研究室众多成员的大力协助，在此对他们的辛勤劳动表示诚挚的感谢。

衷心希望广大围棋爱好者能通过学习本书迅速提高棋力，并由此享受围棋带来的快乐。

编著者
2020年3月

# 目录

## 第 1 章 对 杀

问题 1 .................................. 1
问题 2 .................................. 1
问题 3 .................................. 4
问题 4 .................................. 4
问题 5 .................................. 7
问题 6 .................................. 7
问题 7 .................................. 10
问题 8 .................................. 10
问题 9 .................................. 13
问题 10 ................................ 13
问题 11 ................................ 16
问题 12 ................................ 16
问题 13 ................................ 19
问题 14 ................................ 19
问题 15 ................................ 22
问题 16 ................................ 22
问题 17 ................................ 25
问题 18 ................................ 25
问题 19 ................................ 28
问题 20 ................................ 28
问题 21 ................................ 31
问题 22 ................................ 31
问题 23 ................................ 34
问题 24 ................................ 34
问题 25 ................................ 37
问题 26 ................................ 37
问题 27 ................................ 40
问题 28 ................................ 40
问题 29 ................................ 43
问题 30 ................................ 43
问题 31 ................................ 46
问题 32 ................................ 46
问题 33 ................................ 49
问题 34 ................................ 49
问题 35 ................................ 52
问题 36 ................................ 52
问题 37 ................................ 55
问题 38 ................................ 55
问题 39 ................................ 58
问题 40 ................................ 58

## 第 2 章 攻 击

问题 1 .................................. 61
问题 2 .................................. 61
问题 3 .................................. 64
问题 4 .................................. 64
问题 5 .................................. 67
问题 6 .................................. 67
问题 7 .................................. 70
问题 8 .................................. 70
问题 9 .................................. 73
问题 10 ................................ 73
问题 11 ................................ 76
问题 12 ................................ 76

| 问题 13 | 79 |
| 问题 14 | 79 |
| 问题 15 | 82 |
| 问题 16 | 82 |
| 问题 17 | 85 |
| 问题 18 | 85 |
| 问题 19 | 88 |
| 问题 20 | 88 |
| 问题 21 | 91 |
| 问题 22 | 91 |
| 问题 23 | 94 |
| 问题 24 | 94 |
| 问题 25 | 97 |
| 问题 26 | 97 |
| 问题 27 | 100 |
| 问题 28 | 100 |
| 问题 29 | 103 |
| 问题 30 | 103 |
| 问题 31 | 106 |
| 问题 32 | 106 |
| 问题 33 | 109 |
| 问题 34 | 109 |
| 问题 35 | 112 |
| 问题 36 | 112 |
| 问题 37 | 115 |
| 问题 38 | 115 |
| 问题 39 | 118 |
| 问题 40 | 118 |

## 第 3 章 官 子

| 问题 1 | 121 |
| 问题 2 | 121 |
| 问题 3 | 124 |
| 问题 4 | 124 |
| 问题 5 | 127 |

| 问题 6 | 127 |
| 问题 7 | 130 |
| 问题 8 | 130 |
| 问题 9 | 133 |
| 问题 10 | 133 |
| 问题 11 | 136 |
| 问题 12 | 136 |
| 问题 13 | 139 |
| 问题 14 | 139 |
| 问题 15 | 142 |
| 问题 16 | 142 |
| 问题 17 | 145 |
| 问题 18 | 145 |
| 问题 19 | 148 |
| 问题 20 | 148 |
| 问题 21 | 151 |
| 问题 22 | 151 |
| 问题 23 | 154 |
| 问题 24 | 154 |
| 问题 25 | 157 |
| 问题 26 | 157 |
| 问题 27 | 160 |
| 问题 28 | 160 |
| 问题 29 | 163 |
| 问题 30 | 163 |
| 问题 31 | 166 |
| 问题 32 | 166 |
| 问题 33 | 169 |
| 问题 34 | 169 |
| 问题 35 | 172 |
| 问题 36 | 172 |
| 问题 37 | 175 |
| 问题 38 | 175 |
| 问题 39 | 178 |
| 问题 40 | 178 |
| 问题 41 | 181 |
| 问题 42 | 181 |

## 第1章

## 对 杀

### 问题 1 ▶▶

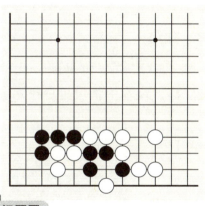

问题图

黑先。一路上的白子犹如一把匕首直插黑棋的心脏，迫使其不得不认真考虑该怎样对付。那么请问黑棋应如何下？

### 问题 2 ▶▶

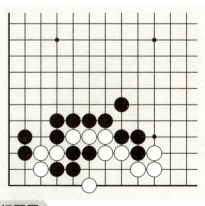

问题图

黑先。黑棋在紧气之前，应对行棋次序加以讲究。那么请问黑棋应如何下？

## 问题1解说

### 图1 正解

黑1尖是制胜的手筋，白2、4应时，黑3、5攻击，黑棋快一气。

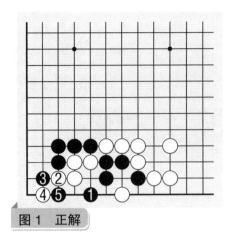

图1 正解

### 图2 变化

黑1时，白2如果断，此时黑3可以挡，现在的情况是白棋两侧不入气。

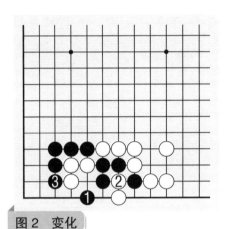

图2 变化

### 图3 失败

黑1如果挡，白2则占据急所，其后黑3断，白4拉回，黑棋由于两侧不入气而失败。

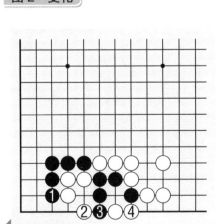

图3 失败

## 问题2解说

### 图1 正解

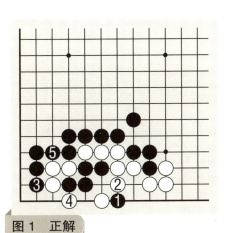

图1 正解

黑1靠,迫使白2应,是黑棋必需的事前准备工作。其后黑3、5紧气,可以快一气杀白。

### 图2 失败1

黑1直接紧气,白2扳后,形势发生了逆转。其后黑3即使打吃,白4可以连接,黑棋失败。

### 图3 失败2

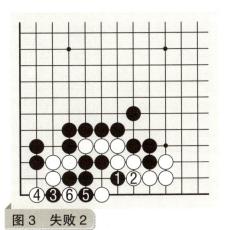

图3 失败2

黑1先与白2交换是大恶手,其后黑3、5做劫,而且还是个缓气劫。

## 问题 3 ▶▶

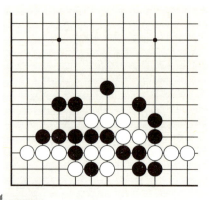

问题图

黑先。黑棋如果单纯紧气,在对杀中显然慢一气。那么请问黑棋取得对杀胜利的手筋是什么?

## 问题 4 ▶▶

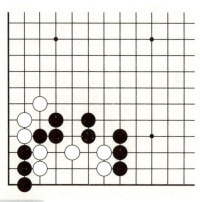

问题图

黑先。如何正确攻击白棋的弱点,黑棋在考虑问题时不应忘记"左右同形走中央"的围棋格言。请问黑棋正确的下法是什么?

## 问题3 解说

### 图1 正解

黑1打吃、黑3拉回,是取得对杀胜利的手筋。

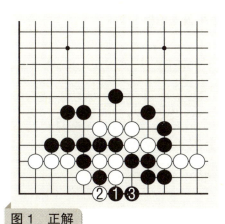

图1 正解

### 图2 正解继续

白1必须连接,以下进行至黑8,黑棋快一气。

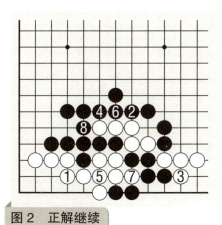

图2 正解继续

### 图3 失败

黑1直接紧气时,白2是好棋,其后黑3时,白4提子即可。

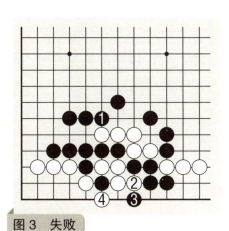

图3 失败

## 问题4 解说

### 图1 正解

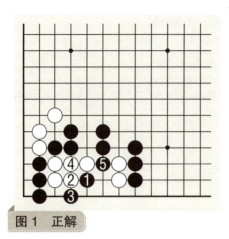
图1 正解

黑1靠是左右对称形的中央，也是取胜的手筋。白2时，黑3扳是与黑1连贯的手筋，至黑5，白棋只好束手就擒。

### 图2 变化

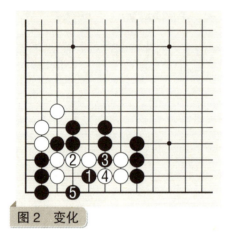
图2 变化

黑1时，白2如果连接，黑3断是次序，其后白4断，但黑5尖，仍可解决问题。

### 图3 失败

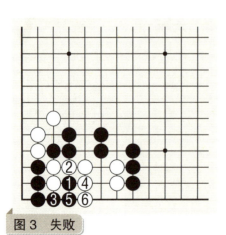
图3 失败

黑1夹，以下进行至白6，黑棋在对杀中慢一气。

## 问题 5 ▶▶

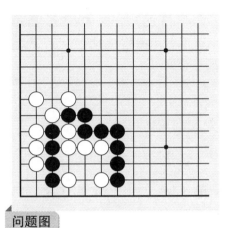

黑先。黑棋应争取让对方下成接不归，为此要讲究行棋次序。那么请问黑棋的正确下法是什么？

问题图

## 问题 6 ▶▶

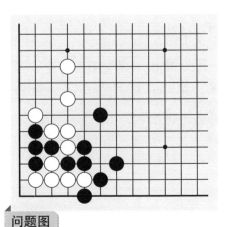

黑先。黑棋在对杀中看似短一气，但如果能正确利用白棋的弱点，完全可以扭转形势。那么请问黑棋的正确下法是什么？

问题图

## 问题5 解说

### 图1 正解

黑1扳是将白棋逼入绝境的手筋，白2被迫挡时，黑3打吃是要领，至黑5，黑棋成功。

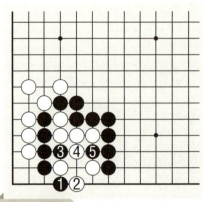

图1 正解

### 图2 变化

黑1时，白2如果连接，黑3则是诱使白棋下成接不归的正确次序，白4、6应时，黑5、7即可。

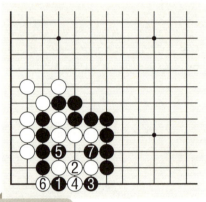

图2 变化

### 图3 失败

黑1挖没有紧到白棋的气，白2连接，黑3只好打吃一子，至白4，形势发生逆转。

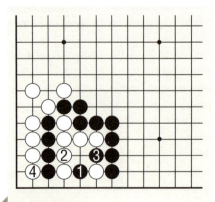

图3 失败

## 问题 6 解说

### 图 1　正解

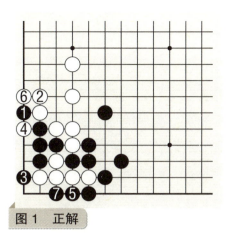

图 1　正解

黑 1 扳是长气的手筋，白 2 只好退，黑 3 再扳，由此可以扭转形势。其后白 4、6 时，黑 5、7 紧气即可。

### 图 2　变化 1

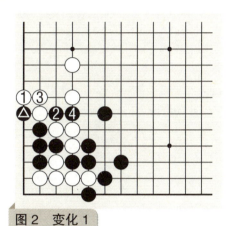

图 2　变化 1

黑▲时，白 1 挡无理，黑 2、4 后，中间白三子被吃。

### 图 3　变化 2

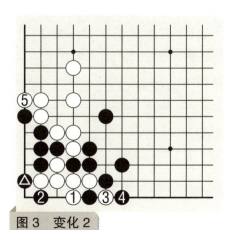

图 3　变化 2

黑▲扳时，白 1 可以做劫，但白棋仅是缓气劫。其中黑 2 是避免有眼杀无眼的绝对一手。

## 问题 7

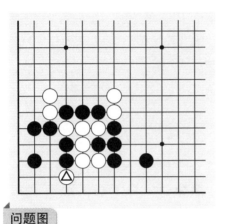

黑先。黑棋中间三子仅有三口气。白△扳时，请问黑棋正确的下法是什么？

问题图

## 问题 8

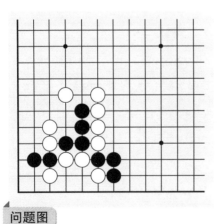

黑先。黑棋如果仅用普通的紧气方法肯定无法胜利，只有动用非常手段才能有所收获。那么请问黑棋正确的下法是什么？

问题图

## 问题7解说

### 图1 正解

黑1在一路点是对杀要领,白2应时,黑3、5妙手连发,白棋仍只有两口气。

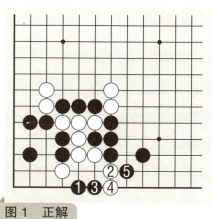

图1 正解

### 图2 失败1

黑1挡,白2扳后,白棋可以长出一气,黑棋失败。

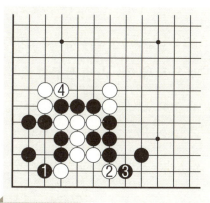

图2 失败1

### 图3 失败2

黑1虽然也点在一路,但方向错误,白2连接之后,白棋有四口气。

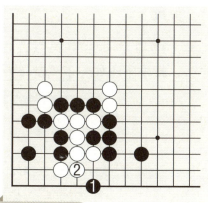

图3 失败2

## 问题8解说

### 图1 正解

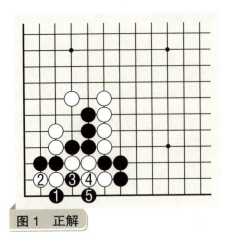

图1 正解

黑1在一路夹绝妙，白2只有长，黑3、5打吃后，黑棋可以与白棋打劫。

### 图2 变化

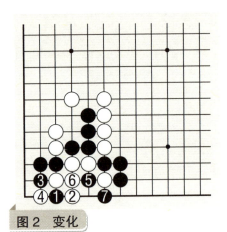

图2 变化

黑1夹时，白2打吃是大恶手，以下进行至黑7，白棋无条件死掉。

### 图3 失败

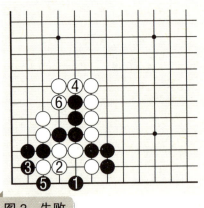

图3 失败

黑1点与对杀没有关系，白2连接后，黑棋不论如何下气都不够。

## 问题9

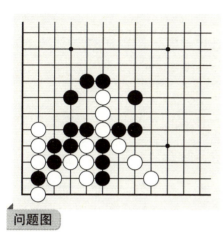

问题图

黑先。黑棋如果直接紧气，会在对杀中短一气。但黑棋如能正确利用对方的弱点，可以先手长一气。那么请问黑棋的正确下法是什么？

## 问题10

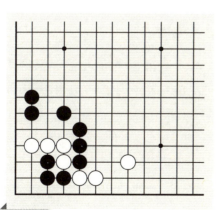

问题图

黑先。黑棋在角上如何处理，将决定对杀的结果。那么请问黑棋正确的下法是什么？

## 问题9 解说

### 图1 正解

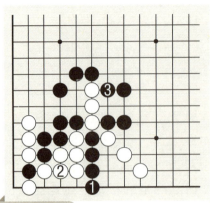

图1 正解

黑1下立是长气的手筋,白棋为避免被吃接不归,只好白2连接,黑3再紧气,黑棋在对杀中快一气。

### 图2 变化

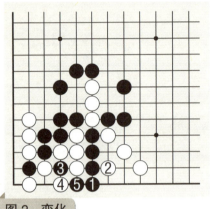

图2 变化

黑1下立时,白2如果紧气,黑3、5则可吃白接不归。因此白棋还是选择正解的进行更明智。

### 图3 失败

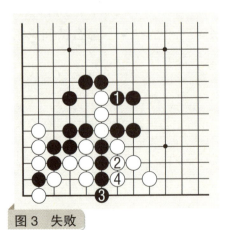

图3 失败

黑1直接紧气是恶手,其后黑3下立,白4挡可以成立,黑棋失败。

## 问题 10 解说

### 图 1 正解

黑 1 跳是长气的手筋，以下进行至黑 9，可以充分感受到黑 1 这手棋的作用。

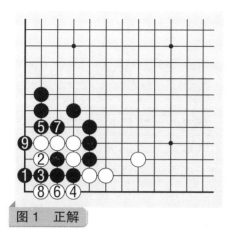

图 1 正解

### 图 2 失败 1

黑 1 挡，反而会诱使白棋下出白 2，以下进行至白 6，黑棋的气不够。

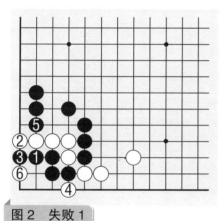

图 2 失败 1

### 图 3 失败 2

白△下立时，黑 1、3 可以做劫，但以下进行至白 8，黑棋只是一个缓气劫。

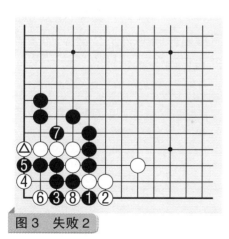

图 3 失败 2

## 问题 11

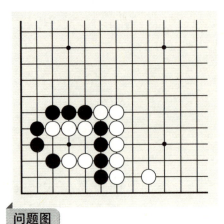

问题图

黑先。黑棋能否让白棋下成不入气的棋形是成败的关键。那么请问黑棋的正确下法是什么？本题是对一路手筋的运用。

## 问题 12

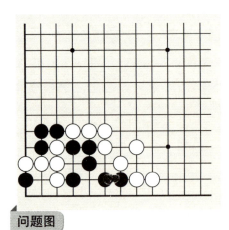

问题图

黑先。有时不去紧对方的气，反而可以获得意外的效果。那么请问黑棋的正确下法是什么？

## 问题 11 解说

### 图 1　正解

黑1尖是手筋，白2时，黑3与白4交换后，黑5、7紧气，黑棋成功。

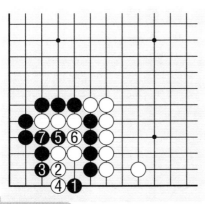

图 1　正解

### 图 2　变化

黑1时，白2如果紧气，黑3跳即可渡过。

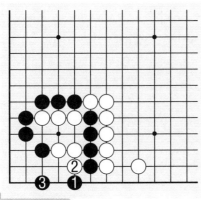

图 2　变化

### 图 3　失败

黑1与白2交换是大恶手，其后黑3即使尖，至白4，黑棋反而被吃。

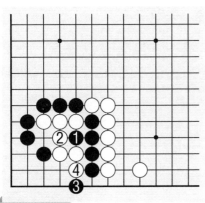

图 3　失败

## 问题 12 解说

### 图 1　正解

黑 1 做眼是非常重要的，白 2、4、6 破眼，至黑 7 挡，黑棋取得胜利。

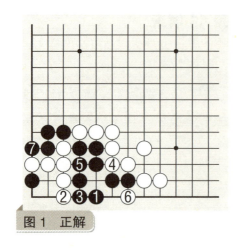

图 1　正解

### 图 2　失败 1

黑 1、3 扳接时，白 4 点是急所，黑 5 挡，白 6 以下均是正确的次序，双方下成双活。

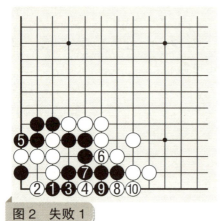

图 2　失败 1

### 图 3　失败 2

黑 1 连接是自我撞气，白 2 占据急所，以下进行至白 6，黑棋全部被歼。

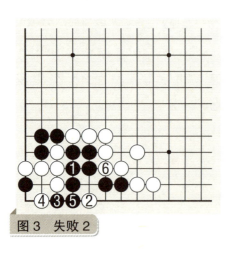

图 3　失败 2

## 问题 13

黑先。白△下立时，黑棋如何才能有效地防守，并取得对杀的胜利？

问题图

## 问题 14

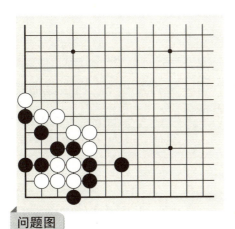

问题图

黑先。黑棋在对杀中只有丝毫无差，才能给白棋以致命一击。如果应对有误，便会遭到意外的反击。那么请问黑棋正确的下法是什么？

## 问题13 解说

### 图1 正解

黑1跳是一举两得的妙手，白2时，黑3点的强手可以成立，至黑5，黑棋成功。

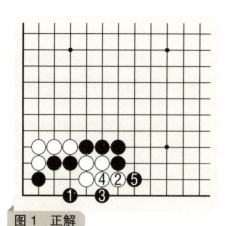

图1 正解

### 图2 变化

黑1跳时，白2如果挡，则黑3连接，其后白4、黑5，黑棋可以吃住白四子。

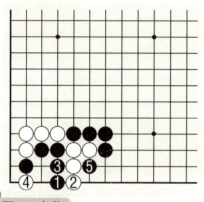

### 图3 失败

黑1挡，白2、4后，黑棋痛苦。以下进行至白8，白棋反而在对杀中取胜。

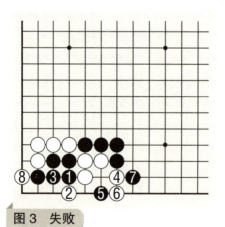

图3 失败

## 问题 14 解说

### 图 1 正解

黑1连接是沉着稳健的好棋，至黑3，黑棋在对杀中快一气。

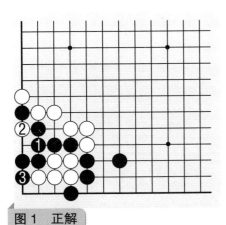

图 1 正解

### 图 2 失败 1

黑1紧气时，白2可以扑，以下进行至白6，黑棋只能寄希望于打劫。

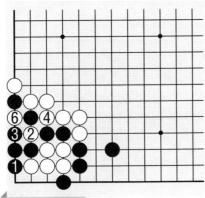

图 2 失败 1  ❺=②

### 图 3 失败 2

白1打吃时，黑2如果扳，白3、黑4后，黑棋虽可联络，但与正解相比简直是天壤之别。

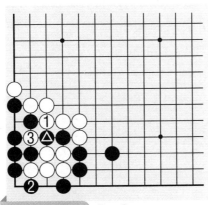

图 3 失败 2  ❹=△

## 问题 15 ▶▶

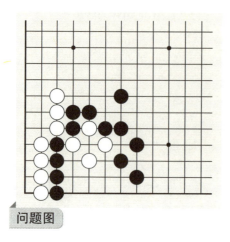

问题图

黑先。黑棋在攻击对方之前，应把自己的棋形整好，否则容易被对方打接不归。那么请问黑棋正确的下法是什么？

## 问题 16 ▶▶

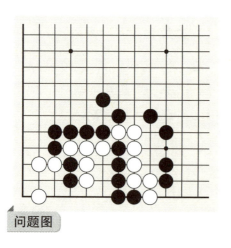

问题图

黑先。外侧的白棋有五气，黑棋如果与白棋比气，肯定不够。那么请问黑棋的正确下法是什么？

## 问题 15 解说

### 图 1 正解

黑 1 弯是取得对杀胜利的急所，白 2 时，黑 3 以下至黑 7，黑棋可以有眼杀无眼。

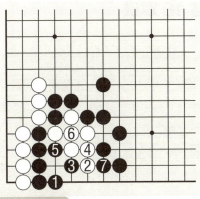

图 1 正解

### 图 2 变化

黑 1 时，白 2 如果谋求变化，黑 3 断，以下白 4、黑 5，白棋两侧都不入气。

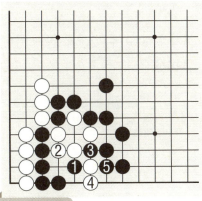

图 2 变化

### 图 3 失败

黑 1 跳，白 2、4 可以反击，以下进行至白 10，白棋可以吃黑棋接不归。

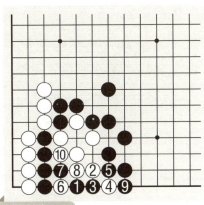

图 3 失败

## 问题 16 解说

### 图 1 正解

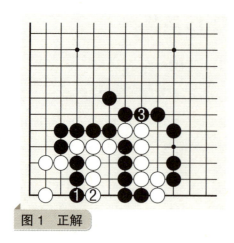

图1 正解

黑1下立，让白2吃黑三子，是关键的一手。由于白棋必须腾出手来提黑三子，因而黑3可以紧气，并可在对杀中取胜。

### 图 2 失败 1

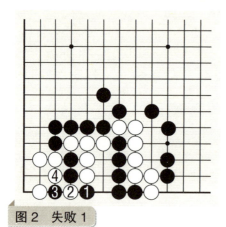

图2 失败1

黑1扳时，白2、4是严厉的反击，黑棋失败。

### 图 3 失败 2

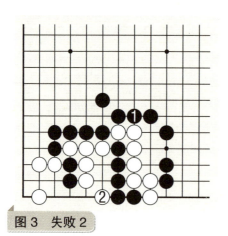

图3 失败2

黑1直接紧气是毫无意义的行动，白2尖后，黑棋显然气不够。

## 问题 17 ▶▶

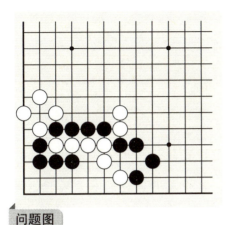

问题图

黑先。中间的黑四子仅有三气，要想取得对杀的胜利，必须使下方的白棋只保留两气。那么请问黑棋正确的下法是什么？

## 问题 18 ▶▶

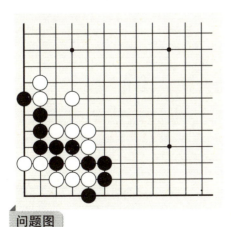

问题图

黑先。通过仔细分析可以发现，黑棋要想在对杀中获胜，必须最大幅度地压缩白角上的气。那么请问黑棋的正确下法是什么？

## 问题 17 解说

### 图 1 正解

黑 1 靠是决定性的一手,白 2 打吃时,黑 3 下立是常用手筋,以下进行至黑 9,可以看到攻击的成果。

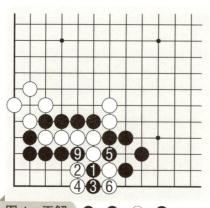

图 1 正解　❼=❶　⑧=❸

### 图 2 变化

黑 1 靠时,白 2 如果连接,黑 3 渡过非常重要,其后白 4 时,黑 5、7 是要领,黑棋仍快一气。

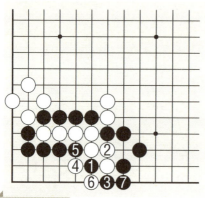

### 图 3 失败

黑 1 尖虽可活角,但白 2 后,中腹的黑四子解救不出来。

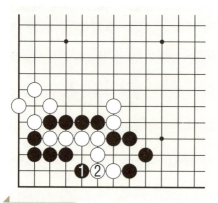

图 3 失败

## 问题 18 解说

### 图 1 正解

黑 1 断是取胜的出发点，白 2 打吃时，黑 3 下立，黑棋可以最大幅度地减少白棋的气。

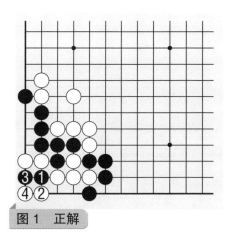

图 1 正解

### 图 2 正解继续

黑 1 扑，白 2 以下进行至黑 7，黑棋快一气。

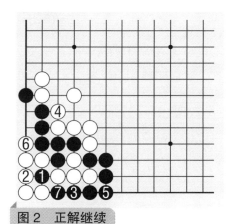

图 2 正解继续

### 图 3 失败

黑 1 如直接紧气，白 2 连接是好棋，黑 3 时，白 4 打吃，其后白 6 紧气，结果下成白有眼杀无眼。

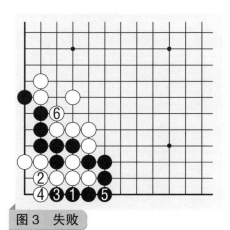

图 3 失败

## 问题 19

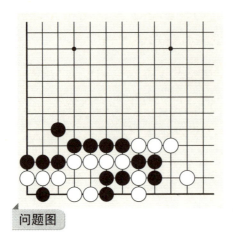

问题图

黑先。如果在实战中，黑棋很可能认为已无棋可下，但实际上尚有扭转大势的妙手。那么请问黑棋的正确下法是什么？

## 问题 20

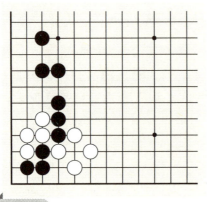

问题图

黑先。黑棋如果仅仅简单地紧气，无法取得胜利。那么请问黑棋如何利用角的特殊性而不让白棋有反击的机会呢？

## 问题 19 解说

### 图 1 正解

黑 1 扑是起死回生的妙手，白 2 不得已提子。

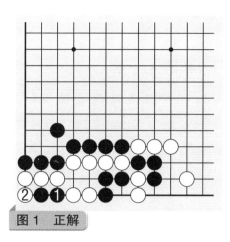
图 1 正解

### 图 2 正解继续

黑 1 再扑是连贯的好手，白 2 必须提子，黑 3 打吃后，白棋接不归。

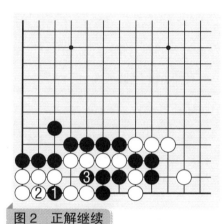
图 2 正解继续

### 图 3 失败

黑 1 打吃白二子是大恶手，白 2 做活后，黑棋反而被吃。

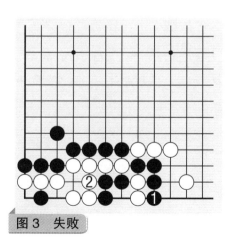
图 3 失败

# 问题 20 解说

## 图 1 正解

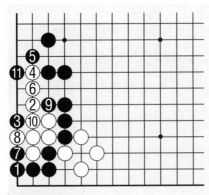

图 1 正解

黑 1 下立是算路清晰的好棋，白 2 时，黑 3 点是强手，白 4 以下进行至黑 11，黑在对杀中快一气。

## 图 2 失败 1

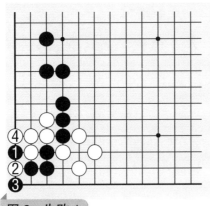

图 2 失败 1

黑 1 扳时，白 2 可以扑，至白 4，双方下成打劫。

## 图 3 失败 2

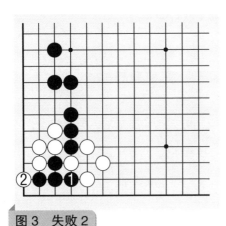

图 3 失败 2

黑 1 打吃是没有意义的举动，白 2 扳后，双方不可避免地下成打劫。

## 问题 21

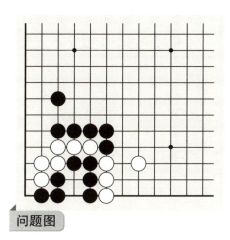

问题图

黑先。黑白双方展开了生死搏杀，黑棋已有一眼应成为考虑问题的出发点。那么请问黑棋正确的下法是什么？

## 问题 22

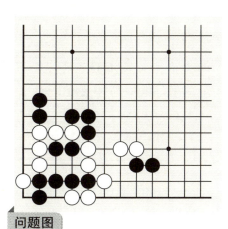

问题图

黑先。黑棋在紧白棋的气之前，必须做好准备工作。那么请问黑棋正确的下法是什么？

## 问题 21 解说

### 图 1 正解

　　黑棋在一路点是取胜的手筋，白 2 扳时，黑 3 扳稳健，其后白 4、黑 5，黑棋诱使白棋下成了不入气。

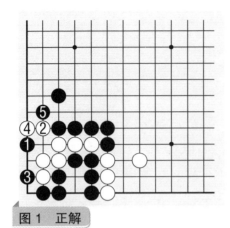

图 1 正解

### 图 2 失败 1

　　黑 1 下立是受棋形束缚的俗手，白 2 与黑 3 交换后，白 4 扑、6 打正确，结果双方下成打劫。

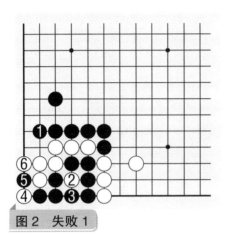

图 2 失败 1

### 图 3 失败 2

　　黑 1 扳是不负责任的下法，白 2 以下至白 6，结果与图 2 相同。

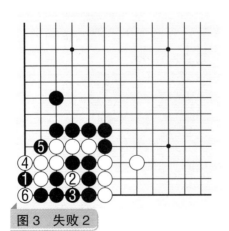

图 3 失败 2

## 问题 22 解说

### 图 1 正解

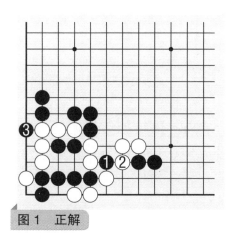

图 1 正解

黑 1 断非常重要，白 2 被迫打吃时，黑 3 扳，黑棋可以取得胜利。必须先提掉黑一子是白棋的痛苦。

### 图 2 变化

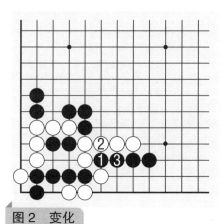

图 2 变化

黑 1 断时，如果白 2 打吃，黑 3 后，黑棋已不必为对杀担心。

### 图 3 失败

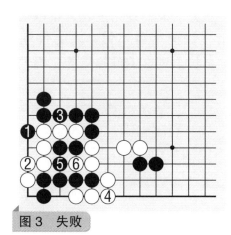

图 3 失败

黑 1、3 平常地紧气，以下进行至白 6，正如大家所见，黑棋在对杀中慢一气。

## 问题 23

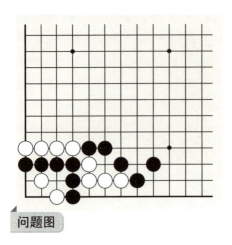

问题图

黑先。黑棋如何利用对方不入气是成败的关键。下成打劫,不算成功。那么请问黑棋正确的下法是什么?

## 问题 24

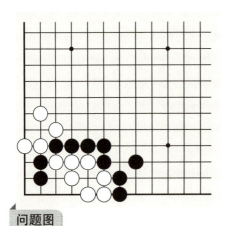

问题图

黑先。黑棋绝不能认为可以吃住白棋,如果下得不好,将会遭到强烈的抵抗。那么请问黑棋的正确下法是什么?

## 问题 23 解说

### 图 1　正解

黑 1 扑，让白 2 提非常重要，黑 3 后，由于白棋会下成两边都不入气的情况，只好束手就擒。

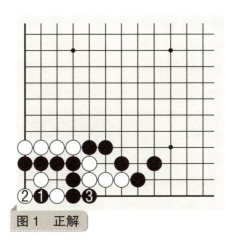

图 1　正解

### 图 2　失败 1

黑 1 直接紧气是恶手，白 2 应后，黑棋将无法吃住白棋。

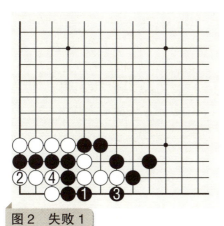

图 2　失败 1

### 图 3　失败 2

黑 1 是错误的下法，白 2 后，黑棋只能下成打劫，不可能无条件吃住白棋。

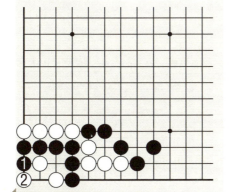

图 3　失败 2

## 问题 24 解说

### 图 1　正解

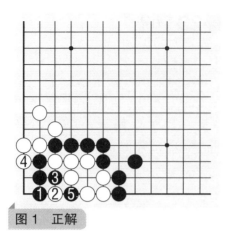
图 1　正解

黑 1 下立看似不好，实际上却很有用。白 2、4 是最顽强的抵抗。至黑 5，黑下成先手缓气劫是最佳结果。

### 图 2　变化

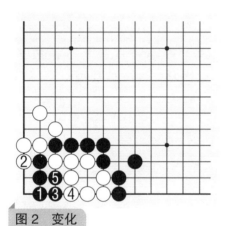
图 2　变化

黑 1 时，白 2 如果紧气，黑 3、5 很容易地吃住白棋。

### 图 3　失败

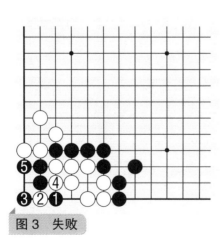
图 3　失败

黑 1 尖虽是一种感觉，但白 2 的反击非常强烈，为避免打劫黑 3 提子，至黑 5，黑棋后手双活。

## 问题 25 ▶▶

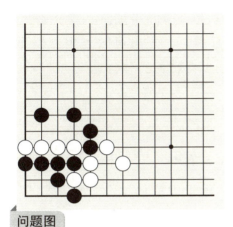

问题图

黑先。黑棋在紧白棋的气之前，必须事先与白棋进行一个交换。如何利用对方的不入气，是解决问题的关键。那么请问黑棋的正确下法是什么？

## 问题 26 ▶▶

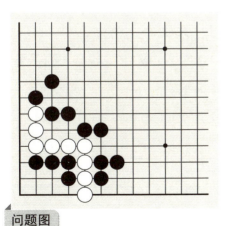

问题图

黑先。黑棋可否取得对杀的胜利，关键是能否在角上长气。那么请问黑棋正确的下法是什么？

## 问题 25 解说

### 图 1 正解

黑 1 弯看似紧自己的气，但却是解决问题的手筋。白 2 点眼，黑 3、5 紧气，黑棋可以利用白棋不入气而取得胜利。

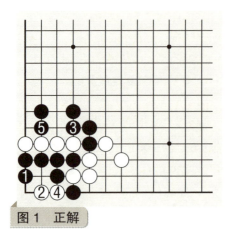

图 1 正解

### 图 2 失败 1

黑 1 虎错误，白 2 点后，白 4、6 紧气，双方下成打劫，而且白棋先提劫。

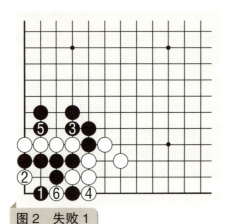

图 2 失败 1

### 图 3 失败 2

黑 1、3 紧气，但至白 4，黑棋明显失败。

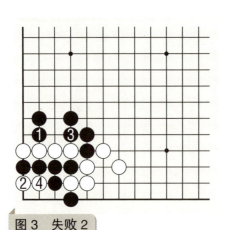

图 3 失败 2

## 问题 26 解说

### 图 1 正解

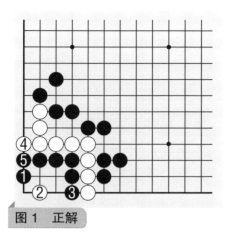

图 1 正解

黑 1 尖是在角上长气的手筋，白 2 只有点，黑 3 挡是要领，以下白 4、黑 5，黑棋在对杀中快一气。

### 图 2 失败 1

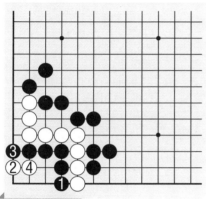

图 2 失败 1

黑 1 先下立，白 2 可以点，其后黑 3 阻渡，但至白 4，黑棋不行。

### 图 3 失败 2

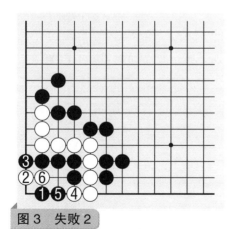

图 3 失败 2

黑 1 对长气丝毫没有帮助，白 2 点后，白 4、6 紧气，黑棋无条件被杀。

## 问题 27 ▶▶

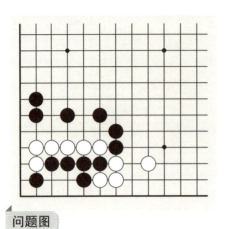

问题图

黑先。有眼和无眼在杀气中到底有多大影响，大家通过本题可以充分体会到。黑棋如何做眼非常重要。那么请问黑棋正确的下法是什么？

## 问题 28 ▶▶

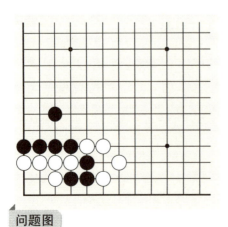

问题图

黑先。由于角的特殊性，本题才能成立。黑棋如能下成打劫即告成功。那么请问黑棋的正确下法是什么？

## 问题 27 解说

### 图 1 正解

黑 1 是手筋，白 2 时，黑 3 做眼是要领，白 4 以下进行至黑 7，黑棋可以有眼杀无眼。

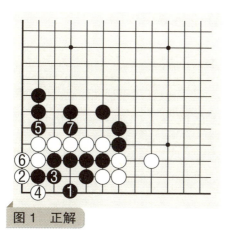

图 1 正解

### 图 2 变化

黑 1 时，白 2 为避免黑棋有眼杀无眼，试图破眼，但黑 3 下立后，黑棋可以净活。

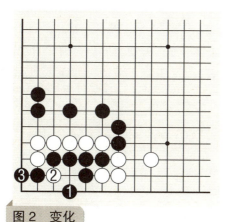

图 2 变化

### 图 3 失败

黑 1 下立，白 2 占据急所，黑 3 必须连接，白 4 联络，结果黑棋在对杀中失败。

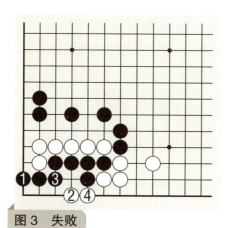

图 3 失败

## 问题28 解说

### 图1 正解

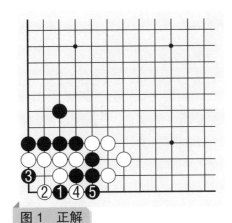
图1 正解

黑1扳，白2时，黑3点是起死回生的手筋，白4被迫提子，黑5打吃后，双方下成打劫。

### 图2 失败1

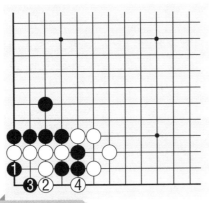
图2 失败1

黑1如果急于点，白2下立是好棋，黑3紧气时，白4扳，黑棋由于不入气，无法在任何一侧打吃。

### 图3 失败2

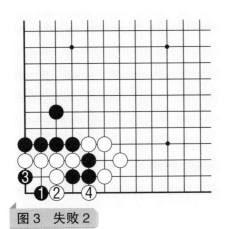
图3 失败2

黑1点也是错误的，白2后，结果与图2相同。

## 问题 29

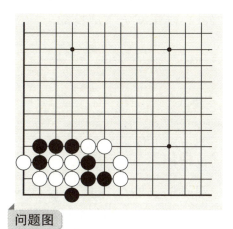

问题图

黑先。黑棋如果简单紧气，气会不够。只有运用非常手段，才可取得对杀的胜利。那么请问黑棋的正确下法是什么？

## 问题 30

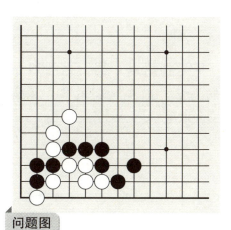

问题图

黑先。本题在实战中经常出现。黑棋如能点中白棋的要害，可以下成打劫。那么请问黑棋正确的下法是什么？

## 问题 29 解说

### 图 1　正解

黑 1 托利用角上的特殊性，白 2 只好扑，结果双方下成打劫。

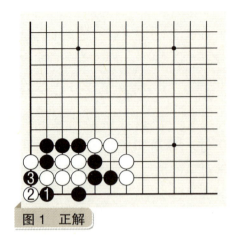

图 1　正解

### 图 2　变化

黑 1 时，白 2 连接是自掘坟墓的下法，黑 3 后，黑棋可以无条件吃住白棋。

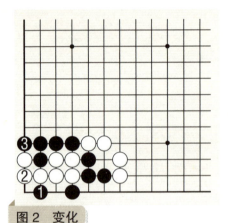

图 2　变化

### 图 3　失败

黑 1 扑后黑 3 挡，是与对杀无关的下法，白 4 只需紧气，黑棋仅仅是在收官。

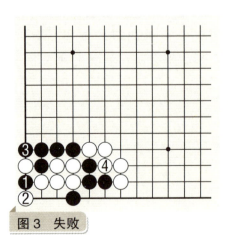

图 3　失败

## 问题 30 解说

### 图 1 正解

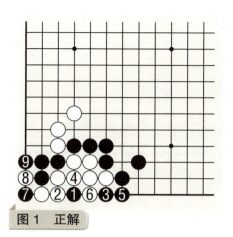

图 1 正解

黑 1 点是急所，以下至白 6 白棋不得不应，其后黑 7 扑，黑棋可以下成打劫。

### 图 2 变化

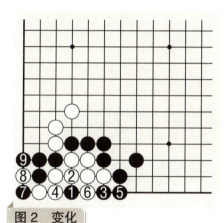

图 2 变化

黑 1 点时，白 2 如果连接，以下进行至黑 9，结果与正解相同。

### 图 3 失败

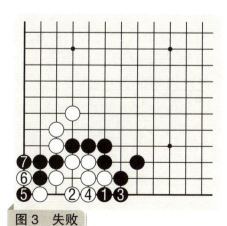

图 3 失败

黑 1、3 扳接略欠思考，以下进行至黑 7，黑棋同样可以下成打劫，但由于是套劫，与正解有很大差别。

## 问题 31

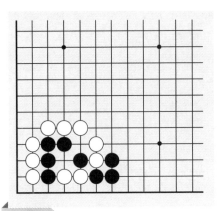

问题图

黑先。黑棋能否不给白棋反击的机会是成败的关键。那么请问黑棋正确的下法是什么？黑棋在考虑问题时，应充分注意倒扑的作用。

## 问题 32

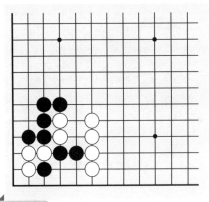

问题图

黑先。黑棋在本题中如果能不受自身弱点的影响，而与白棋激烈对攻，不知不觉中收获就会到来。那么请问黑棋的正确下法是什么？

## 问题 31 解说

### 图 1 正解

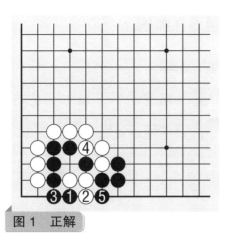
图 1 正解

黑 1 扳是下成倒扑的出发点，白 2 打吃，黑 3 连接，白 4 只有打吃，黑 5 可以吃倒包。

### 图 2 失败 1

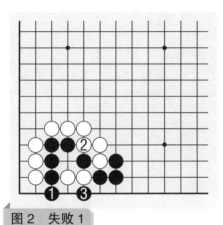
图 2 失败 1

黑 1 下立，被白 2 打吃后，黑棋失败。其后黑 3 只是扳过。

### 图 3 失败 2

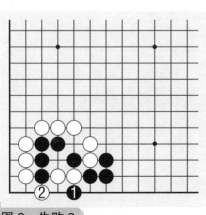
图 3 失败 2

黑 1 扳也是可能下出的，但白 2 渡过，黑棋不行。

## 问题32 解说

### 图1 正解

黑棋要想出棋，黑1扳是唯一正确的手段，白2打吃时，黑3、5可以做劫，至白6是双方的最佳进行。

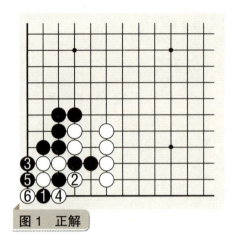
图1 正解

### 图2 失败1

黑1靠，被白2下立，黑棋失败。其后黑3连接，白4、6紧气，黑棋两侧都不能打吃。

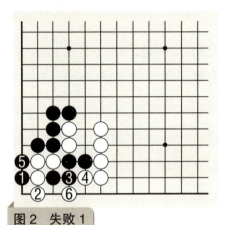
图2 失败1

### 图3 失败2

黑1连接，白2同样可以占据急所，黑棋同样失败。由此可见白2的位置是双方必争的急所。

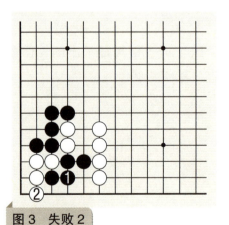
图3 失败2

## 问题 33

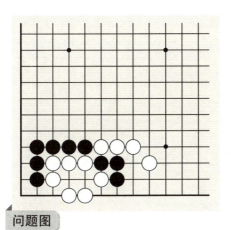

问题图

黑先。提去黑二子的白棋形存在致命的缺点。那么请问黑棋如何下才是正确的？下成打劫是双方的最佳结果。

## 问题 34

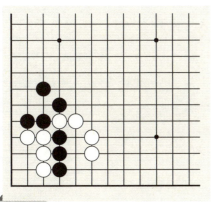

问题图

黑先。黑三子虽仅有四口气，但只要攻击正确，完全可以有所作为。那么请问黑棋的正确下法是什么？

## 问题 33 解说

### 图 1 正解

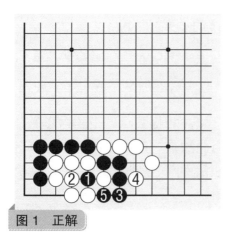

图 1 正解

黑 1 扑是紧气的手筋，白 2 提子后，黑 3 下立是连贯的好手，以下白 4、黑 5，双方下成打劫。

### 图 2 变化

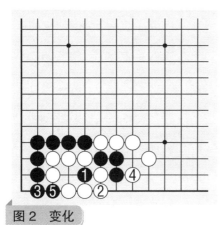

图 2 变化

黑 1 扑时，白 2 连接是大失误，黑 3、5 紧气后，白棋无条件被杀。

### 图 3 失败

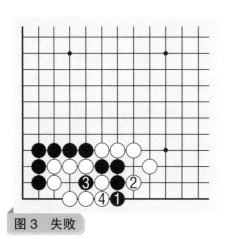

图 3 失败

黑 1 下立次序错误，白 2 时，黑 3 再扑，此时白 4 可以连接，结果白棋取胜。

## 问题 34 解说

### 图 1　正解

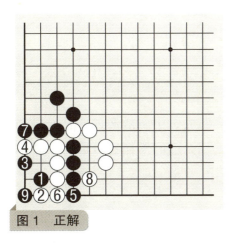

图 1　正解

黑 1 是最强手段，白 2 扳阻止黑棋渡过，黑 3 则先手利用，然后黑 5 下立是要领，以下进行至黑 9，双方下成打劫。

### 图 2　失败 1

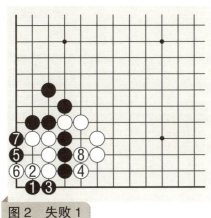

图 2　失败 1

黑 1 点虽看似急所，但以下进行至白 8，黑棋的气不够。

### 图 3　失败 2

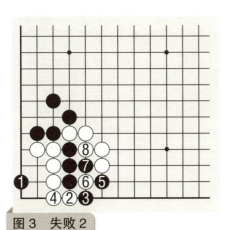

图 3　失败 2

黑 1 点与对杀无关，白 2、4 扳接后，黑棋明显不行。

## 问题 35 ▶

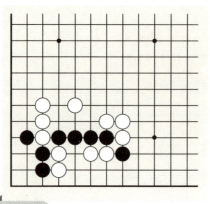

问题图

黑先。中间的黑四子已经非常危险。那么请问黑棋起死回生的手筋是什么?

## 问题 36 ▶

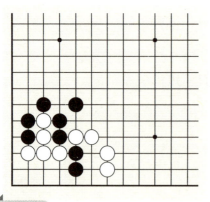

问题图

黑先。黑棋可以无条件吃住全部白棋,但需要黑棋有相当的计算能力。那么请问黑棋正确的下法是什么?

## 问题35 解说

### 图1 正解

黑1、3连扳是手筋，白4只好打吃，黑5打吃可以摆脱危机。

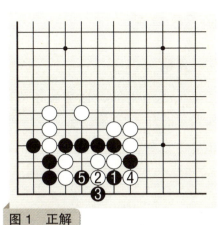

### 图2 变化

正解中黑△时，白1挡无理，黑2冲严厉，至黑4，白棋全部灭亡。

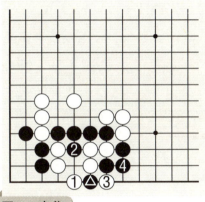

### 图3 失败

黑1下立，白2可以连接，黑棋失败。

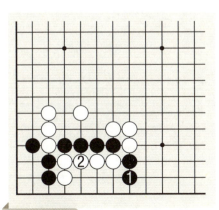

## 问题 36 解说

### 图 1　正解

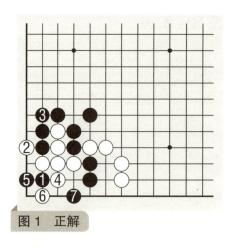

图 1　正解

黑 1 夹是手筋，白 2 虽是先手，但其后黑 5 下立正确，至黑 7，黑棋可在对杀中取胜。

### 图 2　失败 1

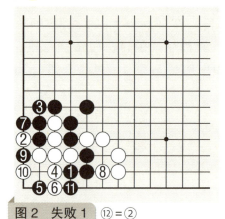

图 2　失败 1　⑫=②

黑 1 拐，白 2、4 可以进行抵抗，其后黑 5 点虽是手筋，但以下进行至白 12，双方不可避免地下成打劫。

### 图 3　失败 2

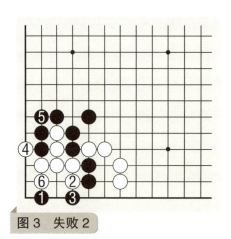

图 3　失败 2

黑 1 大飞，白 2、4 先手后，白 6 顶进行抵抗，以下双方必然下成打劫。

## 问题 37

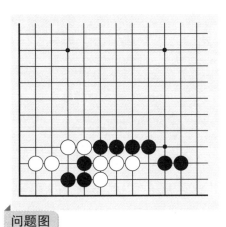

问题图

黑先。黑棋应如何利用对方的弱点来取得对杀的胜利？其中第一手棋是关键。

## 问题 38

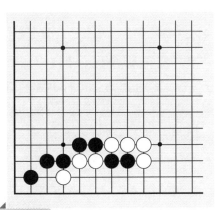

问题图

黑先。黑棋能否正确运用有眼杀无眼，是能否取得对杀胜利的关键。那么请问黑棋的正确下法是什么？

## 问题 37 解说

### 图1 正解

黑1点瞄着渡过，白2如果阻渡，黑3、5切断后，黑棋可以用"金鸡独立"取得对杀的胜利。

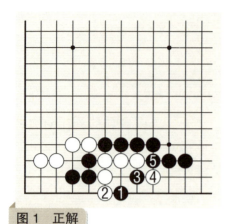

图1 正解

### 图2 失败1

黑1紧气，白2是好棋，黑3点，白4、6后，黑棋失败。

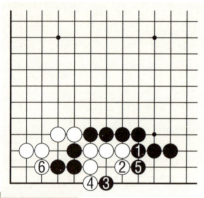

图2 失败1

### 图3 失败2

黑1虽看似急所，但白2、4吃黑一子，其后黑5打吃，如下进行至黑11，黑棋虽进行最大限度的抵抗，但至白12，黑棋不行。

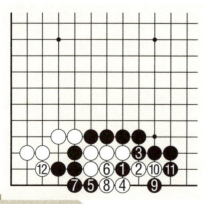

图3 失败2

## 问题 38 解说

### 图 1 正解

黑 1 弯是手筋，白 2 虽进行最顽强的抵抗，但黑 3 与白 4 交换后，黑 7、9 可以做成一眼，结果黑棋可以有眼杀无眼。

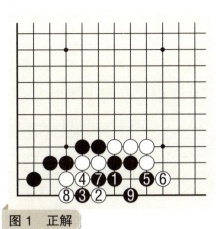

图 1 正解

### 图 2 失败 1

黑 1、3 打接时，白 4 扳是好棋，其后黑 5 虎，白 6 先手打，白 8 挡，黑棋明显差一气。

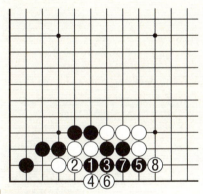

### 图 3 失败 2

正解中白⚠单跳时，黑 1 虎则操之过急，而白 2 是追击黑棋失误的好棋，至白 4，形势发生了逆转。

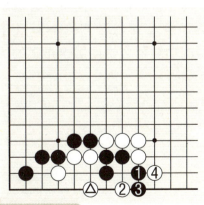

图 3 失败 2

## 问题 39

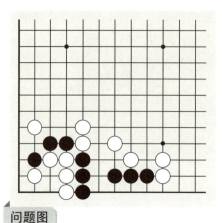

问题图

黑先。黑棋如何下才能在看似已无棋可下的地方闹出事来？双方的结局是打劫。请问黑棋的正确下法是什么？

## 问题 40

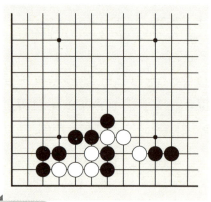

问题图

黑先。黑棋仅用简单的方法是不行的，只有利用对方的不入气才能取得成功。那么请问黑棋正确的下法是什么？

## 问题 39 解说

### 图 1　正解

黑1、3打吃是解决问题的出发点，其后黑5连接，白6只好紧气，后续变化见图2。

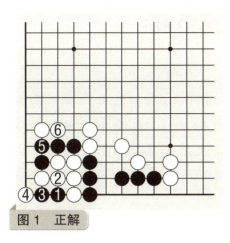

图 1　正解

### 图 2　正解继续

黑1扑，白2时，黑3再次扑，至黑7，黑棋可以下成先手劫。

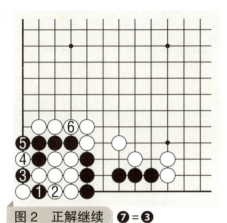

图 2　正解继续　❼=❸

### 图 3　失败

黑棋不在角上动手，黑1连接是恶手，白2做眼是好棋，黑3如扳，白4紧气即可形成有眼杀无眼。因此从结果上说，如果白棋没有发现正解的手筋，而下了本图的黑1，则黑3走A位出头要比在3位略好。

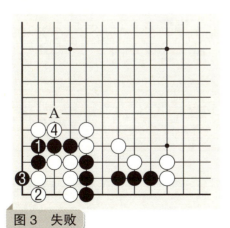

图 3　失败

## 问题40 解说

### 图1 正解

黑1尖富有弹性，白2下立阻止黑棋渡过，黑3则先手与白4交换，接着黑5是妙手，黑棋在A位和B位中必得其一。

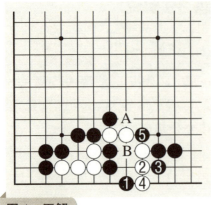

图1 正解

### 图2 失败1

如果是实战，黑棋很可能下成黑1渡，但白2挖后，黑棋反而被吃。

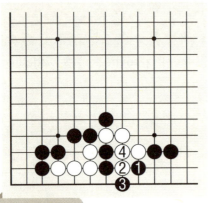

图2 失败1

### 图3 失败2

黑1弯同样不是问题的焦点，白2、4、6可以轻松处理。

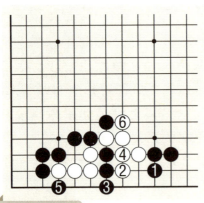

图3 失败2

# 第2章

# 攻 击

## 问题 1 ▶▶

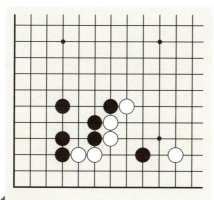

问题图

黑先。针对白棋的弱点，黑棋如何攻击才能一举确立优势？其攻击手筋是什么？

## 问题 2 ▶▶

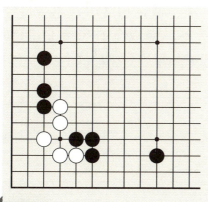

问题图

黑先。对棋形敏感的人一眼就可以看出白棋形不佳。那么请问黑棋攻击的手筋是什么？

## 问题1解说

### 图1 正解

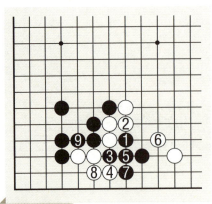

图1 正解

黑1尖是同时针对白棋两处断点进行攻击的手筋,白2如果连接,黑3切断是要领,以下进行至黑9,黑棋的成果很大。

### 图2 变化

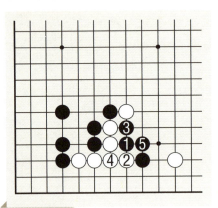

图2 变化

黑1尖时,白2如果虎,黑3先手与白4交换后,黑5连接,白棋已无好下法。

### 图3 失败

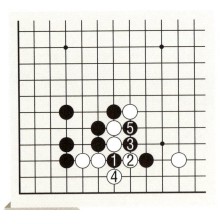

图3 失败 ⑥=❶

黑1断,白2时,黑3打吃看似手筋,但以下进行至白6连接,黑棋并未取得预期的战果。

## 问题 2 解说

### 图 1　正解

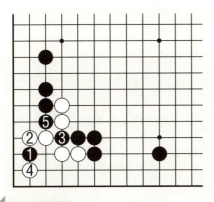

黑 1 点是具有多种含义的手筋，白 2 如果挡，黑 3 挤是正确的次序，白 4 时，黑 5 断，白中腹二子已处于孤立无援的地步。

图 1　正解

### 图 2　变化

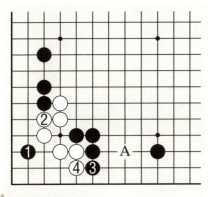

黑 1 点时，白 2 进行最顽强的抵抗，黑 3 先手利用后，黑棋可以自然补去 A 位的弱点，黑棋的成果很大。

图 2　变化

### 图 3　失败

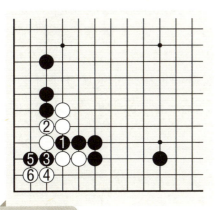

黑 1 先与白 2 交换是大恶手，其后黑 3 即使断，白 4、6 也可吃住黑二子。

图 3　失败

## 问题3 ▶▶

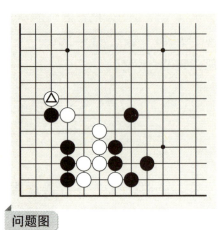

黑先。白△扳时，黑棋应在白棋整形之前展开猛攻，才能取得好效果。那么请问黑棋正确的下法是什么？

问题图

## 问题4 ▶▶

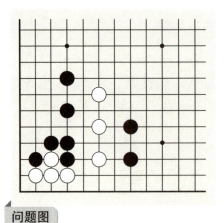

黑先。黑棋如能切断中腹的白棋，其攻击效果就很大。但在此过程中，黑棋同样也应付出一点牺牲。那么请问黑棋攻击的手筋是什么？

问题图

## 问题3解说

### 图1 正解

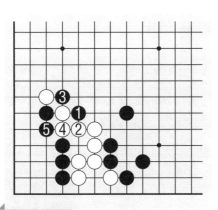

黑1夹是不给白棋任何反击机会的下法，白2时，黑3打吃，然后黑5退，白棋由于被一分为二而非常困难。

图1 正解

### 图2 失败1

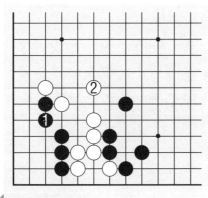

黑1退过缓，白2跳补后，黑棋已不可能攻击白棋。

图2 失败1

### 图3 失败2

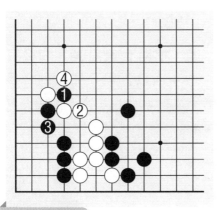

黑1断虽是经常使用的手段，但在本题中不适合。白2是稳健的好棋，黑3时，白4征吃，白棋没有再受攻击之忧。

图3 失败2

## 问题 4 解说

### 图 1 正解

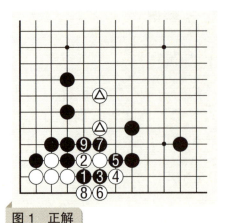

图 1 正解

黑 1 扳是攻击的出发点，白 2 断，黑 3、5 弃子是绝妙的次序，白 6、8 被迫打吃时，黑 7、9 可以切断白△二子。

### 图 2 变化

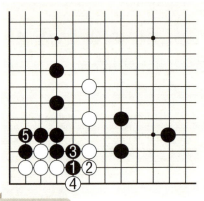

图 2 变化

黑 1 扳时，白 2 如谋求变化，黑 3 连接后，黑棋充分。白 4 被迫渡过时，黑 5 连接，白棋整体成为浮棋。

### 图 3 失败

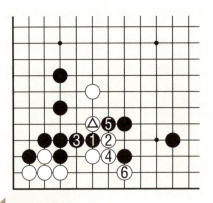

图 3 失败

黑 1 挖断也有可能，白 2 打吃后，白 4 连接，黑 5 虽断到，但黑棋形不太好，而且白△一子仍有利用的可能。

## 问题 5 ▶▶

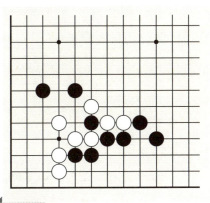

问题图

黑先。黑棋如能在中腹成功封锁白棋，黑棋的外势将影响到全局。那么请问黑棋应如何利用白棋的弱点而施展手段？

## 问题 6 ▶▶

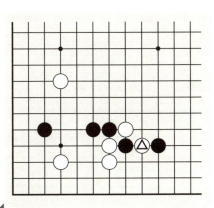

问题图

黑先。白△挖贪图眼前利益，其正确的下法是向中腹长。那么请问黑棋封锁白棋的手筋是什么？

## 问题5解说

### 图1 正解

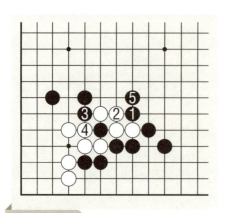

图1 正解

黑1打吃,白2时,黑3与白4进行交换非常重要,其后黑5长,黑棋可以完全封锁白棋。

### 图2 变化

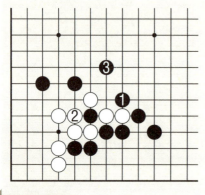

图2 变化

黑1打吃时,白2如果提子,则黑3飞,可以封锁白棋。

### 图3 失败

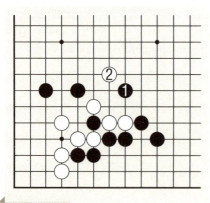

图3 失败

黑1单飞,白2则可出头,黑棋失败。

## 问题 6 解说

### 图 1　正解

黑1反打是封锁白棋的手筋，白2只好提子，黑3再打。白4、黑5后，白如A位断，黑可B位应。

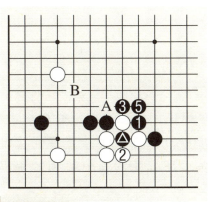

图 1　正解　④=△

### 图 2　失败 1

黑1长是典型的俗手，白2打吃，白4连接是正确次序，以下进行至白10，白棋可以构筑成坚厚的外势，而且使黑△一子成为废子。

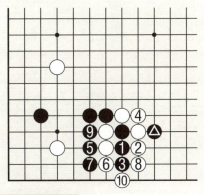

图 2　失败 1

### 图 3　失败 2

黑1打吃，其后黑3长是初学者爱犯的错误，至白4，与正解相比，差别很大。

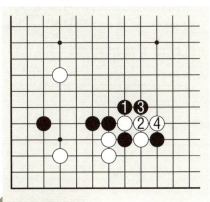

图 3　失败 2

## 问题7

黑先。角和边都已被白棋占据，黑棋只有封锁中腹才能挽回实地的损失。那么请问黑棋封锁的手筋是什么？

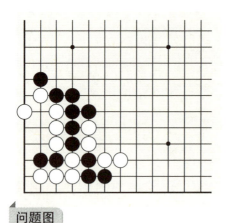

问题图

## 问题8

黑先。角上的白棋存在重大的缺陷，黑棋完全可以强攻白棋。那么请问黑棋攻击的手筋是什么？

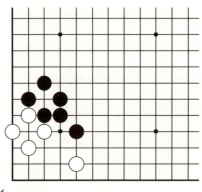

问题图

## 问题 7 解说

### 图 1 正解

黑 1 打吃后，黑 3 滚打是最有效的下法，白 4 被迫提子时，黑 5、7 先手利用非常舒服，后续变化见图 2。

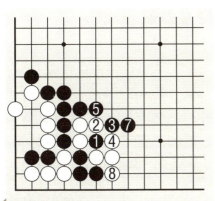

图 1 正解　⑥=❶

### 图 2 正解继续

黑 1 靠是连贯的强手，白 2、4 时，黑 5 长，黑棋可以确立完整的外势。

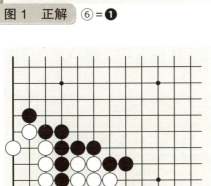

图 2 正解继续

### 图 3 失败

黑 1 点，其后黑 3 靠，黑棋虽也能封锁白棋，但至黑 5，黑棋形较弱，外势也不很完整。

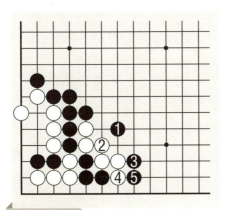

图 3 失败

## 问题 8 解说

### 图 1 正解

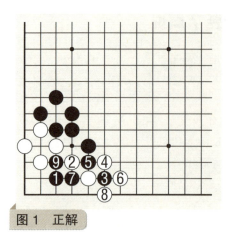

图 1 正解

黑1深入白角点，正中白棋的要害，白2吃黑一子时，黑3靠是准备好的手段，白4、6不甘示弱，以下至黑9，黑棋可以获取角地。

### 图 2 变化

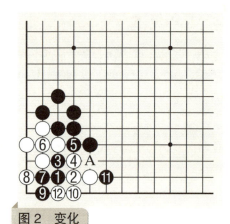

图 2 变化

黑1点时，白2如果顶，黑3以下至黑11弃子。由于A位是黑棋的绝对先手，黑棋可以筑成很厚的外势。

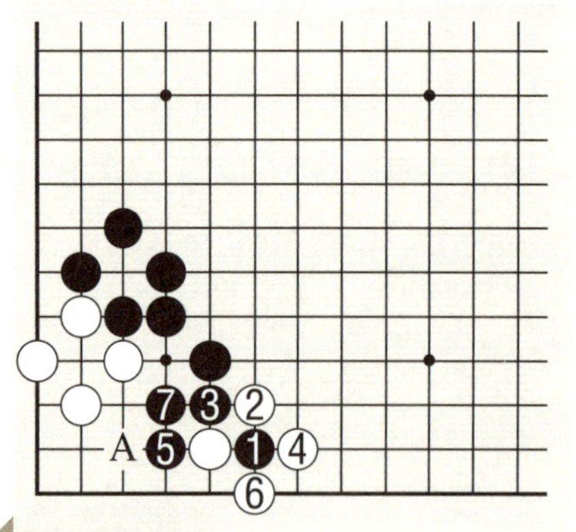

### 图 3 失败

图 3 失败

黑1立即靠操之过急，白2、4、6打拔一子，接着白棋仍可A位尖活角。

## 问题 9

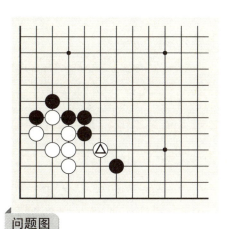

问题图

黑先。白⚠跳，试图向中腹出头，黑棋的第一道封锁线已被白棋越过。那么黑棋能否构筑第二道封锁线，其手筋是什么？

## 问题 10

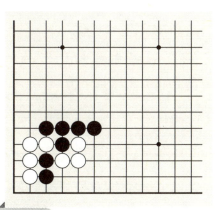

问题图

黑先。黑棋能否正确利用已被吃住的二子，是能否成功封锁白棋的关键。那么请问黑棋的手筋是什么？

## 问题 9 解说

### 图 1　正解

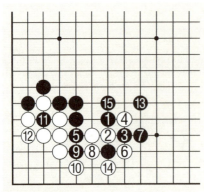

图 1　正解

黑 1 封是手筋，白 2、4 冲断，但以下进行至黑 15，黑棋巧妙整形，并出色地构筑成外势。

### 图 2　失败 1

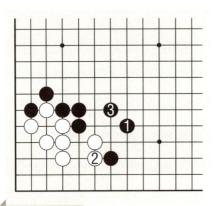

图 2　失败 1

黑 1 封的下法虽可考虑，但白 2 补棋很好，黑棋没有取得理想的效果。

### 图 3　失败 2

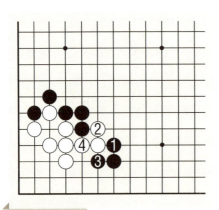

图 3　失败 2

黑 1、3 是自找被切断的大恶手，至白 4，黑棋被一分为二。

## 问题 10 解说

### 图 1 正解

黑1阻止白棋出头，白2吃黑二子，黑3则尖封，以后白A如果跨，黑B扳即可。

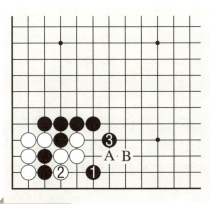

图 1 正解

### 图 2 失败 1

黑1靠虽同样能封锁白棋，但以下进行至黑5，黑棋由于有A位和B位的弱点，不能令人满意。

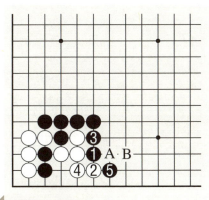

图 2 失败 1

### 图 3 失败 2

黑1、3连扳在征子有利时是强有力的下法，但黑9后，白棋有引征的利用，黑棋多少有点不满。其中白2如果下在A位，将会还原成图2的进行。

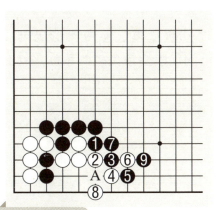

图 3 失败 2

## 问题 11 ▶

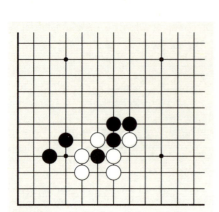

问题图

黑先。黑棋如果认为不管如何下都可封锁白棋,那就错了。黑棋应构筑坚固的外势。那么请问黑棋的手筋是什么?

## 问题 12 ▶

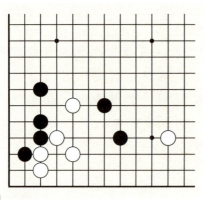

问题图

黑先。白棋向中腹飞后,看似可以分断黑棋,但白棋形仍薄。那么请问黑棋追攻白棋的手筋是什么?

## 问题 11 解说

### 图 1 正解

黑1卡打是正确的，白2如果冲，黑3打吃后，黑5封。

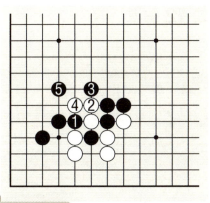

图 1 正解

### 图 2 正解继续

白1冲，想让黑棋形存在弱点，而黑2、4先手利用，然后黑6打吃，黑棋很充分。以下进行至白9，黑棋的外势很厚。

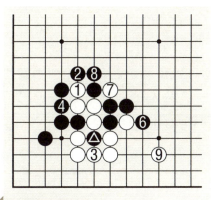

图 2 正解继续 ⑤=▲

### 图 3 失败

黑1打吃后，黑3挡，但白4长，黑棋失败。A位的弱点成为黑棋的负担。

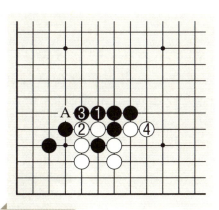

图 3 失败

## 问题 12 解说

### 图 1 正解

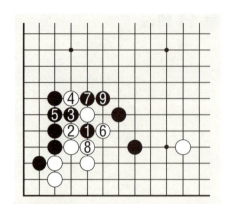

图 1 正解

黑 1 跨是封锁并攻击白棋的手筋，白 2 时，黑 3 断是准备好的强手，以下进行至黑 9，黑棋可以达到目的。

### 图 2 变化

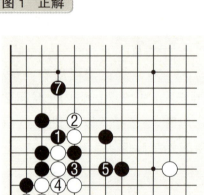

图 2 变化

黑 1 断时，白 2 如果长，黑 3、5 则是攻击要领，白 6 不可避免地拐一手，黑 7 飞，白中腹二子已成为白棋的沉重负担。

### 图 3 失败

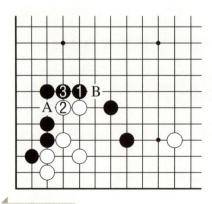

图 3 失败

黑 1 如果靠，白 2 与黑 3 交换非常重要，黑棋由于存在 A 位和 B 位的断点，封锁并不成功。

## 问题 13

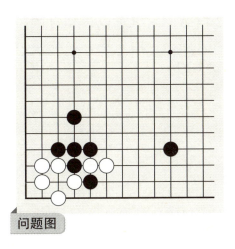

问题图

黑先。黑棋可以利用被白棋吃住的黑一子而封锁白棋，请问其手筋是什么？

## 问题 14

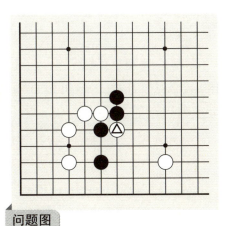

问题图

黑先。白△断时，黑棋应果断利用弃子，这是明智的选择。那么请问黑棋的手筋是什么？

## 问题13 解说

### 图1 正解

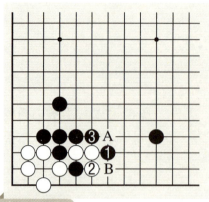

图1 正解

黑1靠绝妙,白2必须拐打,黑3挡后,黑棋可以达到目的。以后白A断时,由于黑B是先手,因而并不可怕。

### 图2 变化

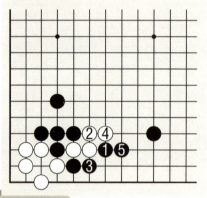

图2 变化

黑1靠时,白2如果进行抵抗,黑3可以联络,以下白4、黑5,白棋比较苦。

### 图3 失败

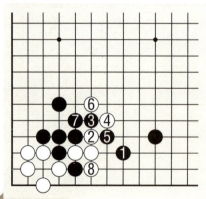

图3 失败

黑1飞过缓,白2、4、6先手利用后,白8补棋,而黑棋却有很多可被利用之处。

## 问题 14 解说

### 图 1 正解

黑 1 打吃后，黑 3 封是明智的选择。白 4、6 应时，黑 7、9 先手利用是正确的，白 10 时，黑 11 压制白一子，黑棋满足。

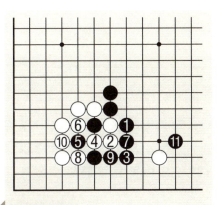

图 1 正解

### 图 2 变化

黑 1 封时，白 2、4 如果谋求出头，则黑 5、7 先手利用后，黑 9 冲，黑棋充分。

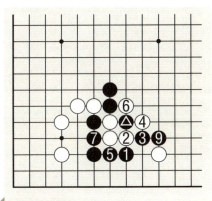

图 2 变化  ⑧=△

### 图 3 失败

黑 1 打吃后，黑 3、5 长是典型的俗手，以下进行至白 8，白棋所获很大。

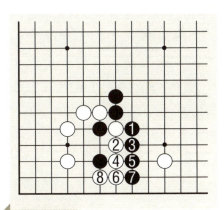

图 3 失败

## 问题 15 ▸▸

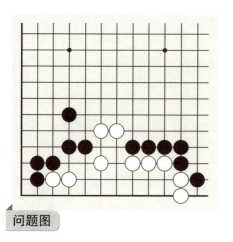

问题图

黑先。一眼就可以看出白棋的棋形并不完整。那么请问黑棋应以什么次序攻击白棋？其手筋是什么？

## 问题 16 ▸▸

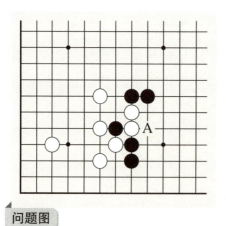

问题图

黑先。黑棋下A位扳，封住白棋，这是很多人的初步想法。但黑棋在A位扳之前，应有一个先手利用的次序。那么请问黑棋的手筋是什么？

## 问题 15 解说

### 图 1 正解

黑 1 托是手筋，白 2 如果扳，黑 3 先手与白 4 交换后，黑 5 冲是正确的次序，以下进行至黑 9，黑棋收获很大。

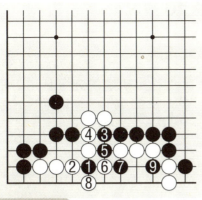

图 1 正解

### 图 2 变化

黑 1 时，白 2 如果内扳，黑 3 与白 4 交换后，黑 5 打吃是正确的次序，白棋为避免下成打劫，只好白 6 连接，至黑 7，黑棋可以吃住白二子。

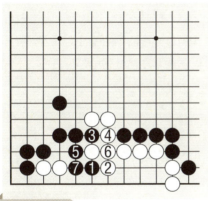

图 2 变化

### 图 3 失败

黑 1 搭时，白 2 防守是好棋，黑棋没有取得大的成果。

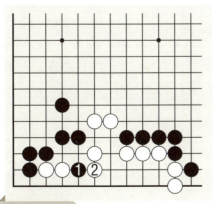

图 3 失败

## 问题 16 解说

### 图 1 正解

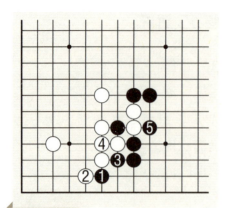

图 1 正解

黑 1 托是机敏的先手利用，白 2 扳，黑 3 先手利用很舒服。白 4 连接后，再黑 5 扳，黑棋可以上下都走到。

### 图 2 失败 1

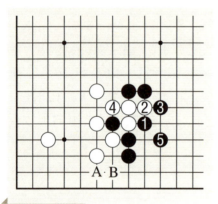

图 2 失败 1

黑 1 先扳，白 2 以下至黑 5 定形后，黑再走 A 位就不行了，因为白 B 可以成立。

### 图 3 失败 2

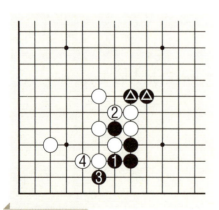

图 3 失败 2

黑 1 与白 2 交换是失误，其后黑 3 虽是先手，但由于黑△二子被分割，黑棋得不偿失。

## 问题 17

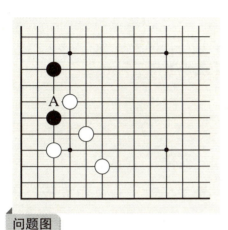

问题图

黑先。黑棋早晚要在 A 位一带应，但在下 A 位之前，不应丢掉一个利用的次序。那么请问黑棋的手筋是什么？

## 问题 18

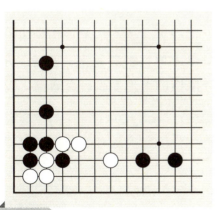

问题图

黑先。白棋虽已经吃住黑一子，但其棋形却存在弱点。那么黑棋应如何攻击白棋的弱点而获取最大的利益？

## 问题 17 解说

### 图 1 正解

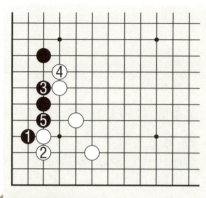
图 1 正解

黑 1 托问白棋的应手是机敏的下法，白 2 如果退，黑 3 再挡是正确的次序，以下白 4、黑 5，黑棋最大限度地进行了利用。

### 图 2 变化

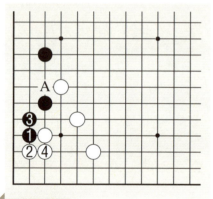
图 2 变化

黑 1 托时，白 2 如果扳，黑 3 退是稳健的好棋，白 4 如果连接，黑棋可以先手补去 A 位的弱点。

### 图 3 失败

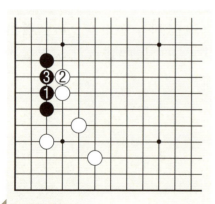
图 3 失败

黑 1 单挡缺乏思考，白 2、黑 3 后，黑棋的棋形多少有点笨重。

## 问题 18 解说

### 图 1 正解

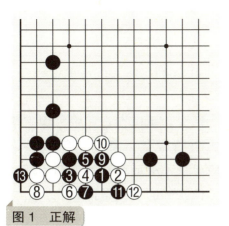

图 1 正解

黑 1 点是攻击的手筋，白 2 如果切断，黑 3 挡，以下进行至黑 13，这里下成摇橹劫，角上白棋净死。

### 图 2 变化

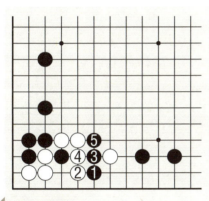

图 2 变化

黑 1 点时，白 2 控制黑一子，黑 3 先手利用则很舒服，白 4 连接时，黑 5 冲，黑棋非常满足。

### 图 3 失败

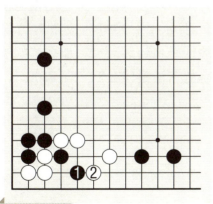

图 3 失败

黑 1 是俗手，而白 2 是双方必争的急所，结果黑棋白白多送一子。

## 问题 19 ▶▶

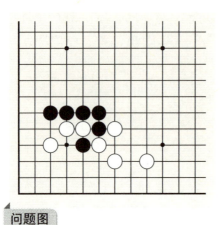

问题图

黑先。黑棋在本题中如果直接与对方进行较量，反而适得其反，黑棋应寻求不战而获利的方法。那么请问黑棋正确的下法是什么？

## 问题 20 ▶▶

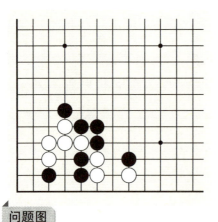

问题图

黑先。只有在自身已活棋的情况下，才可放手大胆地攻击对方，攻击的快感也随之而来。那么请问黑棋正确的下法是什么？

## 问题 19 解说

### 图 1　正解

黑1点是获利的手筋，白2只好抱吃一子，黑3联络后，黑棋的战果很大。

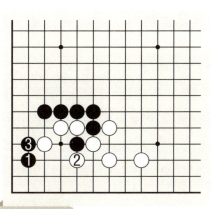

图 1　正解

### 图 2　变化

黑1点时，白2如果切断，黑3、5打吃后，黑棋可以吃住白五子。

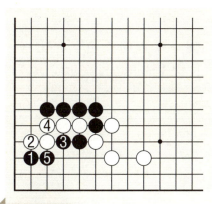

图 2　变化

### 图 3　失败

黑1托是缺乏思考的下法，白2扳时，黑3断虽进行抵抗，但至白4，黑棋已无任何手段。

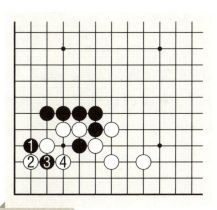

图 3　失败

## 问题20 解说

### 图1 正解

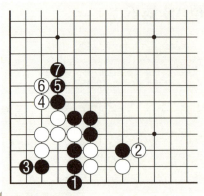

图1 正解

黑1下立是利用攻击白三子自己活棋的手筋,白2须补棋,黑3则是连贯的好棋,至黑7,黑棋可以兼得外势,战果充分。

### 图2 变化

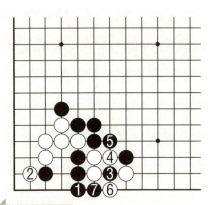

图2 变化

黑1下立时,白2如果扳,黑3挖,以下至黑7,黑棋可以吃白接不归。

### 图3 失败

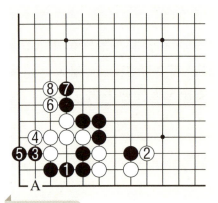

图3 失败

黑1连接缺乏思考,白2时,黑3、5虽可具备活形,但以下进行至白8,A位的弱点已成为黑棋的负担。

## 问题 21

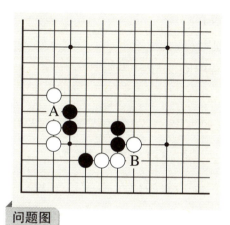

问题图

黑先。A位和B位都是白棋的弱点，黑棋应如何针对白棋的弱点进行攻击？其手筋是什么？

## 问题 22

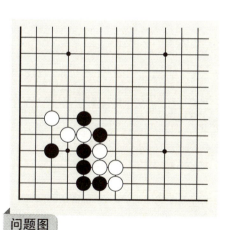

问题图

黑先。能分割对方，即已具备了攻击的条件。在本题中，黑棋现在已分断白棋，请问黑棋攻击的手筋是什么？

## 问题21解说

### 图1 正解

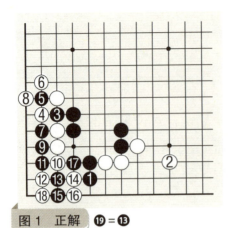

图1 正解 ⑲=⑬

黑1下立是同时瞄着白棋两处弱点的手筋，白棋为防止被断，白2须补棋。黑3、5断，以下至黑19是常用的次序，黑棋可以得角。

### 图2 变化

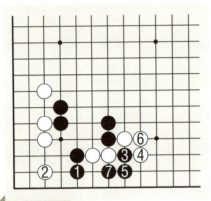

图2 变化

黑1下立时，白2如果补左侧，黑3断可以成立，以下进行至黑7，黑棋可以就地生根。

### 图3 失败

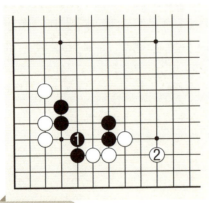

图3 失败

黑1退，白2补棋后，黑棋失败。以后黑棋很可能处于被攻击的地位。

## 问题 22 解说

### 图 1 正解

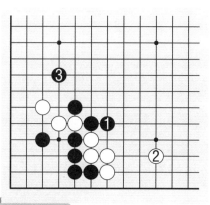

图 1 正解

黑 1 长是稳健的好棋，白 2 如果补棋，黑 3 飞后，黑棋可以将左边白三子逼入泥潭。

### 图 2 变化

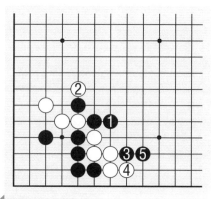

图 2 变化

黑 1 长时，白 2 在左边补棋，黑 3 攻击则非常严厉，白 4 时，黑 5 长，白棋的损失更大。

### 图 3 失败

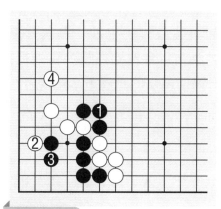

图 3 失败

黑 1 连接，白棋得到白 2、4 补棋的机会，由于对右边的四子缺少有效的攻击手段，黑棋不满。

## 问题 23

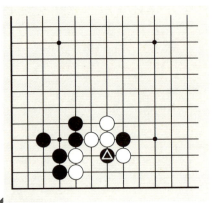

问题图

黑先。黑棋如能成功救回黑▲子,则可愉快地攻击白棋整块棋。那么请问黑棋正确的下法是什么?

## 问题 24

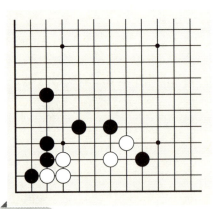

问题图

黑先。一看即可知道本题的问题是如何破白棋的根地。黑棋如果操之过急,将会遭到白棋的顽强抵抗。那么请问黑棋的正确下法是什么?

## 问题 23 解说

### 图 1 正解

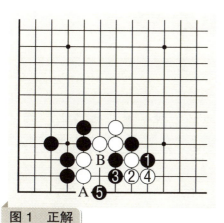

图 1 正解

黑 1 打吃后，黑 3 下立是攻击要领，白 4 必须拐出，黑 5 尖是准备好的联络手筋。以后白 A 时，黑 B 断可以成立，白棋由于被分割成两块棋，处理起来很困难。

### 图 2 失败 1

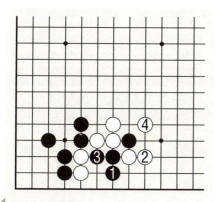

黑 1 立即下立失误，白 2、4 可弃二子，将外面走厚。

### 图 3 失败 2

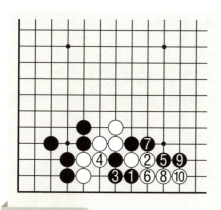

图 3 失败 2

黑 1 打吃、黑 3 连接是错误的下法，白 4 时，黑 5 虽是手筋，但白 6 以下进行至白 10，黑棋不行。

## 问题 24 解说

### 图 1 正解

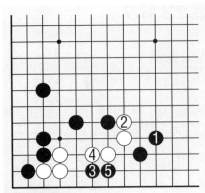

图 1 正解

黑1尖，迫使白2出头是非常重要的次序，其后黑3点，白4只好后退，黑5则可成功地破白根地。

### 图 2 变化

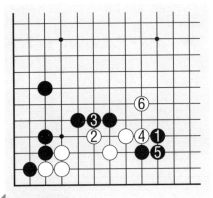

图 2 变化

黑1时，白2、4如果先手利用，然后白6出头，白棋形仍然较弱，而且使黑棋顺势走厚。

### 图 3 失败

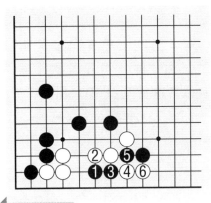

图 3 失败

黑1先点操之过急，白2、黑3时，白4扳的强手可以成立，结果黑二子只能送掉。

## 问题 25

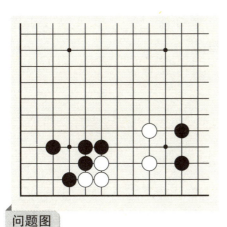

黑先。本题同样是破白根地的问题。那么请问黑棋应如何寻找棋形的要点？

问题图

## 问题 26

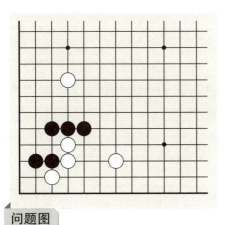

黑先。目前的棋形白棋没有补棋。那么请问黑棋攻击的方法是什么？

问题图

## 问题 25 解说

### 图 1 正解

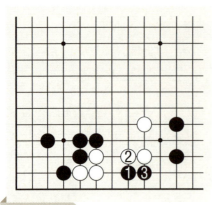

图 1 正解

黑 1 点是破白根地的要点，白 2 时，黑 3 渡过，黑棋可以攻击整块白棋。

### 图 2 变化

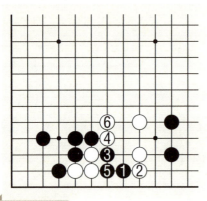

图 2 变化

黑 1 时，白 2 挡准备弃子，以下进行至白 6，白棋虽损失三子，但由于可以整形，因而值得一试。

### 图 3 失败

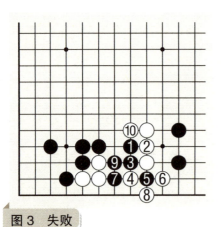

图 3 失败

黑 1、3 攻击白棋过于露骨，以下进行至白 10，黑棋没有取得多大成果。

## 问题 26 解说

### 图 1 正解

黑 1 点是破白根地的严厉手段，白 2 如果连接，黑 3、5 是连贯的攻击方法，黑 7 时，白 8 必须补棋，黑 9 可以扳起，白棋始终处于受攻地位。

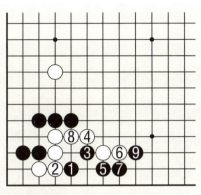

图 1 正解

### 图 2 变化

黑 1 时，白 2 如果长，黑 3 断可以成立，以下进行至黑 7，对杀黑棋胜。

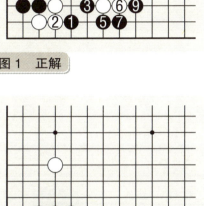

图 2 变化

### 图 3 失败

黑 1 仅仅是官子，白 2 拆二后，黑棋无法再攻击白棋。

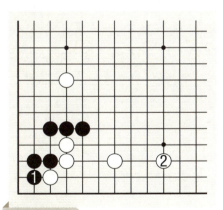

图 3 失败

## 问题 27

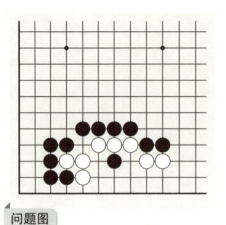

问题图

黑先。白棋的棋形有弱点,那么请问黑棋攻击的方法是什么?

## 问题 28

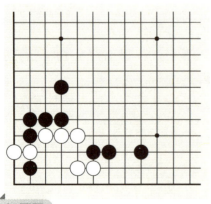

问题图

黑先。黑棋如果过于受棋形的影响,将一事无成。只有不慌不忙,才能置白棋于死地。那么请问黑棋正确的下法是什么?

## 问题 27 解说

### 图 1　正解

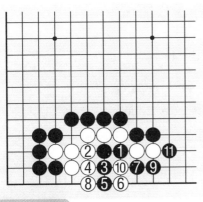

图 1　正解

黑 1 断是攻击白棋的出发点，白 2、4 时，黑 5 果断弃子是要领，至白 6，黑四子虽已绝望，但黑 7、9 可以成立，白棋全部灭亡。

### 图 2　变化

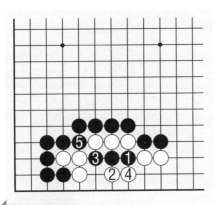

图 2　变化

黑 1 断时，白 2 如果靠，黑 3 打吃时，白 4 联络，白棋可以将损失减少到最小程度。

### 图 3　失败

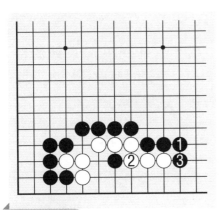

图 3　失败

黑 1 长是消极下法，白 2 连接后，白棋应该满足。

## 问题28解说

### 图1 正解

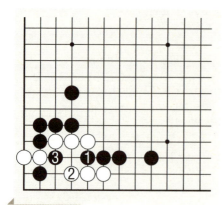

图1 正解

黑1冲是重要的一手，白2如果退，黑3断后，已将白棋逼入了绝境。

### 图2 变化

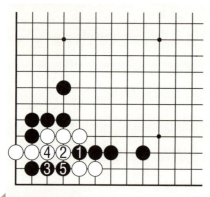

图2 变化

黑1时，白2如果立即挡，黑3长，白4、黑5后，白棋已相当危险。

### 图3 失败

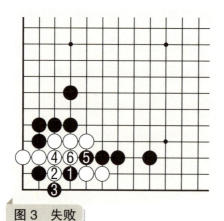

图3 失败

黑1靠是受棋形束缚的俗手，白2挖，黑棋没有收获。以下至白6是为帮大家理解。

## 问题29

黑先。黑棋能否不给白棋以任何选择的余地是非常重要的。在此我们再次强调行棋次序的重要性。那么请问黑棋的正确下法是什么？

问题图

## 问题30

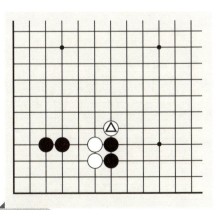

问题图

黑先。白△扳二子头时，黑棋多少有点不满。黑棋只有攻击白棋形的弱点，才能开展有利的战斗。那么请问黑棋正确的下法是什么？

## 问题29 解说

### 图1 正解

黑1冲问白棋的应手是攻击的要点，白2如果挡，黑3点是正确的次序，白4如果阻渡，黑5断，可以彻底破掉白的根地。

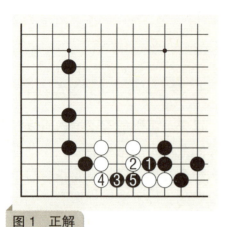

图1 正解

### 图2 变化

黑1时，白2如果退，黑3、5扳接是正确的，黑棋不仅可以将角下厚，而且将来还可以在A位攻击。

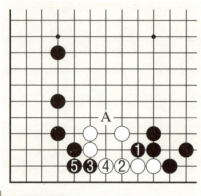

图2 变化

### 图3 失败

黑1直接点时，白2后，黑棋失败。其后黑3即使冲，白4可以退，吃住黑一子。

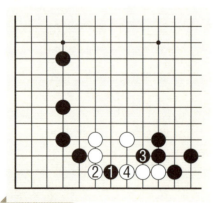

图3 失败

## 问题 30 解说

### 图 1 正解

黑 1、3 扳接是棋形的急所，白棋由于存在 A 位的弱点，以后不好下。

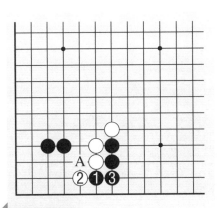

图 1　正解

### 图 2 正解继续

白 1 如果虎，黑 2、4 切断的强手可以成立。

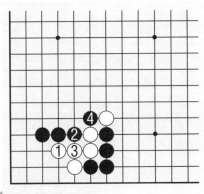

图 2　正解继续

### 图 3 变化

白 1 如果虎，黑 2、4 整形非常有力，其后白 5 时，黑 6 飞，黑棋有利。

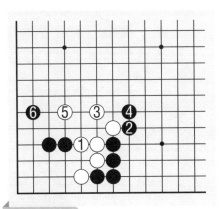

图 3　变化

## 问题 31 ▶▶

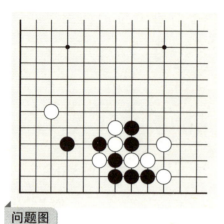

问题图

黑先。本题的关键不是利用弃子取外势,而是如何无条件吃住白二子。那么请问黑棋的正确下法是什么?

## 问题 32 ▶▶

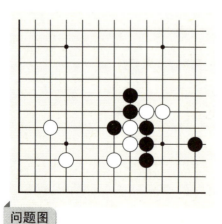

问题图

黑先。黑棋如能吃住位处要点的白二子,则中腹白二子将自然成为废子。那么请问黑棋正确的下法是什么?

## 问题 31 解说

### 图 1 正解

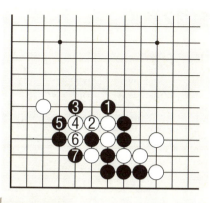

图1 正解

黑1打吃后,黑3封是吃住白棋的严厉下法。白4、6如果提去黑棋一子,至黑7,黑棋的攻击大获成功。

### 图 2 变化

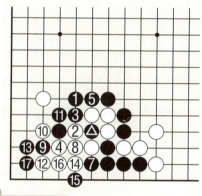

图2 变化  ⑥=△

黑1封时,白2如果提子,黑3、5、7先手利用后,黑9扳是正确的。以后白棋不论如何努力,下至黑17,都将全部灭亡。

### 图 3 失败

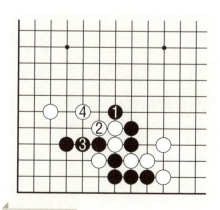

图3 失败

黑1、白2时,黑3连接胆子太小,白4联络后,黑中腹三子反而受攻。

## 问题32解说

### 图1 正解

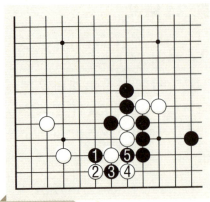

图1 正解

黑1靠是攻击的出发点,白2扳时,黑3断是连贯的强手,白4打吃时,黑5反打,白二子已无法连接。

### 图2 变化

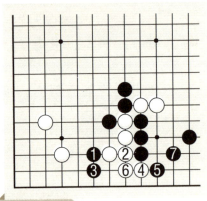

图2 变化

黑1靠时,白棋为避免正解的进行,白2连接无理,而黑3下立是追攻白棋失误的好棋,以下进行至黑7,黑棋可以吃住白棋。

### 图3 失败

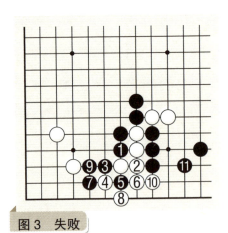

图3 失败

黑1与白2交换是大恶手,其后黑3即使扳,以下进行至黑11,结果白就地活棋。

## 问题 33

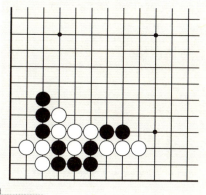

问题图

黑先。黑棋如果吃不住中腹的白棋，形势将非常危险。那么请问黑棋吃住的手筋是什么？

## 问题 34

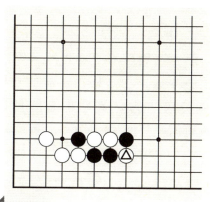

问题图

黑先。白征子不利时，白△断是疑问手。现在假定黑棋征子有利，那么请问黑棋应如何惩罚白棋的无理？

## 问题33解说

### 图1 正解

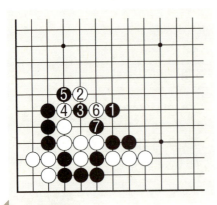
图1 正解

黑1单跳看似有些缓，却是逼中腹白棋束手就擒的手筋。白2如果飞出，黑3搭，以下至黑7，黑棋可以倒扑白棋。

### 图2 变化

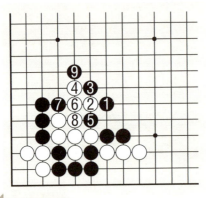
图2 变化

黑1单跳时，白2如果试图出头，黑3与白4交换，其后黑5、7追击是攻击要领。白8连接时，黑9可以征子。

### 图3 失败

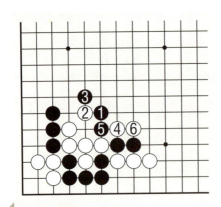
图3 失败

黑1飞看起来更加强烈，但白2利用先手后，白4扳是正确的次序，结果黑棋失败。其后黑5即使断，白6可以征子。

## 问题 34 解说

### 图1 正解

黑1打吃后，黑3长是正确的次序，白4如果长，黑5可以征吃白二子。

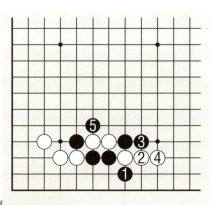

图1 正解

### 图2 变化

白1与黑2交换后，白3如果抱吃一子，黑4攻击则是严厉的下法。其后白5时，黑6扳，可将白棋逼入绝境。

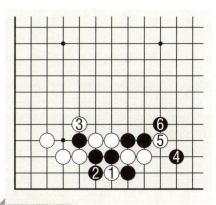

图2 变化

### 图3 失败

黑1打吃，白2下立，黑3以下至黑11，黑棋虽构筑外势，但断点很多，棋形不完整，黑棋失败。

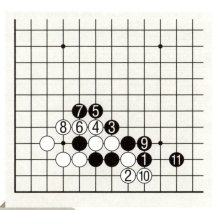

图3 失败

## 问题 35

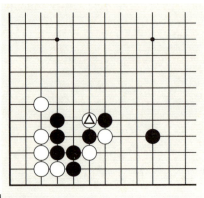

问题图

黑先。白△打吃时,黑棋如果去接一子,则其水平很难提高。那么请问黑棋的正确下法是什么?

## 问题 36

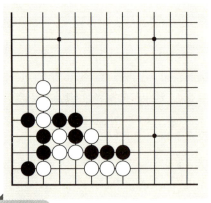

问题图

黑先。黑棋在安定角地的同时,能否破白棋的根地是本题的关键。那么请问黑棋正确的下法是什么?

## 问题 35 解说

### 图 1　正解

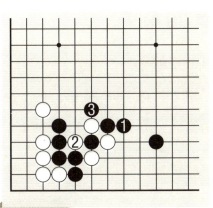

图 1　正解

黑 1 长是稳健的一手，白 2 如果提子，黑 3 扳则可封锁白棋。

### 图 2　失败 1

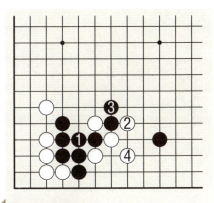

图 2　失败 1

黑 1 连接是典型的俗手，白 2 打吃后，白 4 虎，黑棋反而受攻。

### 图 3　失败 2

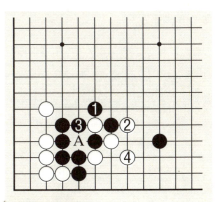

图 3　失败 2

黑 1 打吃的目的是让白棋在 A 位提子，但白 2、4 应，黑棋已不可能再攻击白棋。

## 问题 36 解说

### 图 1　正解

黑 1 打吃意味深长，白 2 必然补棋，黑 3 长，白棋非常困难。

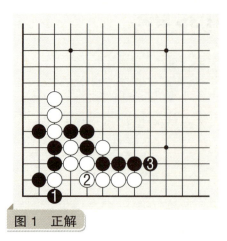

图 1　正解

### 图 2　失败 1

黑 1 打吃，白 2 时，黑 3 提子，黑棋与正解相比差一手棋。白 4、6 后，黑棋反而困难。

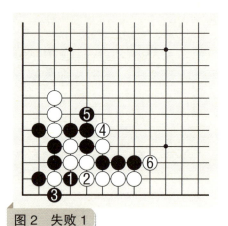

图 2　失败 1

### 图 3　失败 2

黑 1 长，被白 2 先手利用后，黑棋痛苦。其后黑 3 下立，白 4 长，白棋可以先手安定自己。

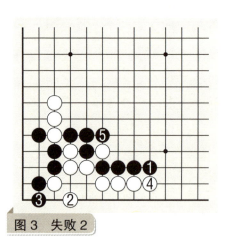

图 3　失败 2

## 问题 37

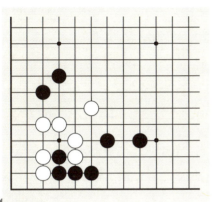

问题图

黑先。黑棋应该通过攻击白棋的弱点破其根地。黑棋可以预见的攻击方法总的来说有两个,即托和点。那么请问黑棋正确的下法是什么?

## 问题 38

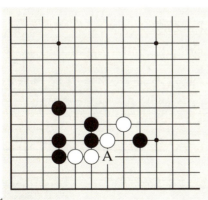

问题图

黑先。黑棋如何攻击白棋 A 位的弱点是本题的关键。黑棋应将白棋向中腹赶。那么请问黑棋的正确下法是什么?

## 问题 37 解说

### 图 1　正解

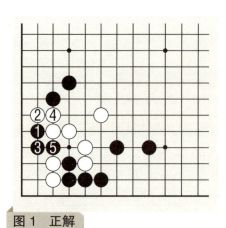

图 1　正解

黑 1 托是破白根地并攻击白棋的急所，白 2 如果扳，黑 3 长后，黑 5 断，可以吃住角上白二子。

### 图 2　变化

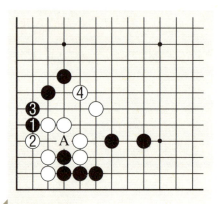

图 2　变化

黑 1 时，白 2 如果内扳，黑 3 拉回后，黑棋充分。由于黑 A 的先手关系，白棋必须忍痛于 4 位补棋，而白棋仍然受攻。

### 图 3　失败

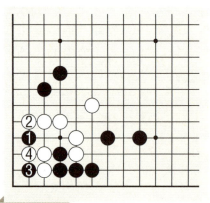

图 3　失败

黑 1 如果点，白 2 挡的强手可以成立，其后黑 3 夹虽是要点，但至白 4，黑棋不行。

## 问题 38 解说

### 图 1　正解

黑 1 飞是正确的攻击方法，白棋为避免愚形，而白 2 连接，黑 3、5 顺势攻击，黑棋好调。

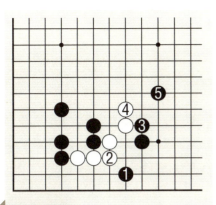
图 1　正解

### 图 2　失败 1

黑 1 单点，但白 2 以下至黑 5 进行后，黑棋略不满。以后白棋有白 A 以下至白 E 的做眼手段。

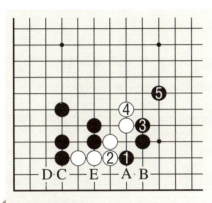
图 2　失败 1

### 图 3　失败 2

黑 1 下立，伺机切断对方，但白 2、4 积极防守，黑棋以后不易攻击白棋。

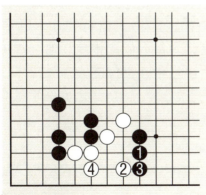
图 3　失败 2

## 问题 39 ▶

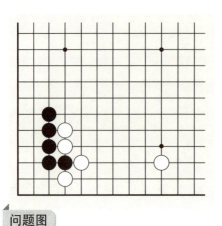

问题图

黑先。黑棋如果攻击不当,将会带来不利的结果。那么请问黑棋正确的下法是什么?

## 问题 40 ▶

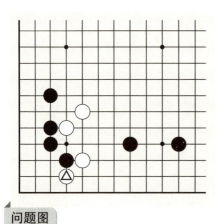

问题图

黑先。白△扳时,黑棋如果认为必须挡,那将大错特错。本题的攻击要领与前一问题相同。那么请问黑棋正确的下法是什么?

## 问题39 解说

### 图1 正解

黑1夹是攻击的手筋，白2如果连接，黑3先手利用很舒服，至黑5，黑棋始终掌握主动。

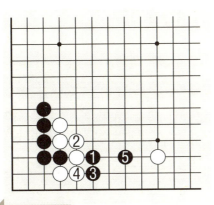

图1 正解

### 图2 变化

黑1时，白2如果连接，黑3跳是正确的次序，白4连接时，黑5拆一，黑棋的攻击取得了成功。

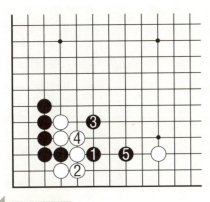

图2 变化

### 图3 失败

黑1断是典型的因小失大，此时白△二子的价值已不大，白2可以毫不犹豫地放弃。

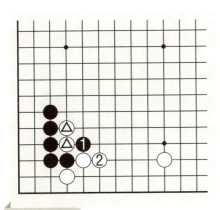

图3 失败

# 问题 40 解说

## 图 1 正解

黑 1 夹是将白棋整体下重的攻击要领，白 2 如果连接，黑 3 与白 4 交换后，黑 5 可以挡，白棋大龙没有根地。

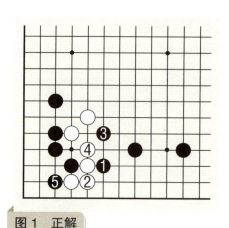

图 1 正解

## 图 2 失败 1

黑 1 挡过于消极，白 2 先手利用后，白 4 跳起，白棋流畅地向中腹出头。

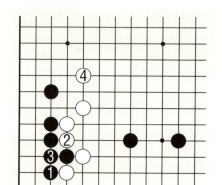

图 2 失败 1

## 图 3 失败 2

黑 1 看似强硬，但白 2、4 吃住黑棋一子，黑棋不行。以下进行至白 8，黑棋是在帮助白棋走强。

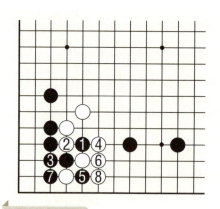

图 3 失败 2

# 第3章

# 官子

## 问题1 ▶▶

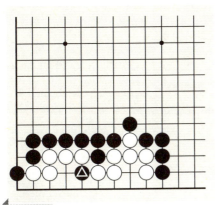

问题图

黑先。黑棋可以利用黑△一子对白棋阵营进行压缩，而白棋也只好忍痛后退。那么请问黑棋的手筋是什么？

## 问题2 ▶▶

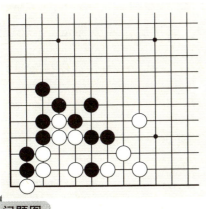

问题图

黑先。黑棋仅用平常的手法进行收官，肯定不会满足，只有利用打劫的非常手段才能取得更大的利益。那么请问黑棋正确的下法是什么？

## 问题1解说

### 图1 正解

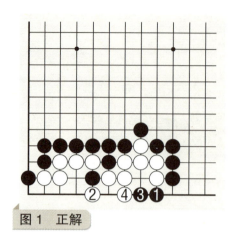

图1 正解

黑1很平常地扳即是手筋,白2被迫只好退让,此时黑3再爬,黑棋可以先手得利。

### 图2 变化1

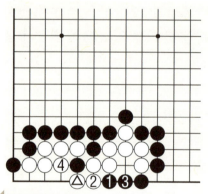

图2 变化1

白⊿时,黑棋如果对打劫有自信,黑1可以成立。黑3、白4后,黑棋比正解便宜1目。

### 图3 变化2

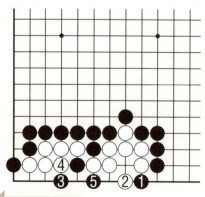

图3 变化2

黑1扳时,白2挡是大恶手,黑3、白4后,黑5做劫,白棋非常不利。

## 问题2解说

### 图1 正解

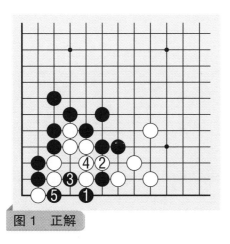

图1 正解

黑1扳是绝妙的官子手筋,白2必须补棋,黑3、5可以做劫,黑棋是无忧劫。

### 图2 变化

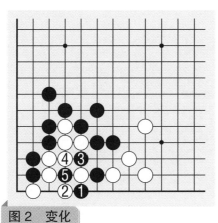

图2 变化

黑1扳时,白2挡无理,黑3、5进行后,双方下成打劫,但这样打劫关系白棋整体生死,白更不利。

### 图3 失败

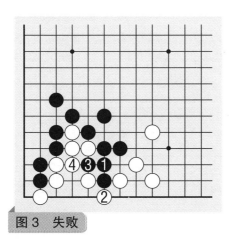

图3 失败

实战中黑棋很容易下成黑1连接,被白2渡过,黑3、白4很平常。

## 问题3 ▶

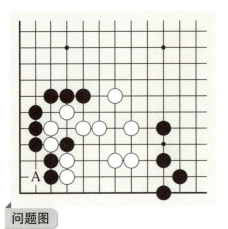

问题图

黑先。黑棋如果稍迟疑，白棋则有白A夹的手段。黑棋应在白棋动手之前，先手压缩白棋。那么请问黑棋正确的下法是什么？

## 问题4 ▶

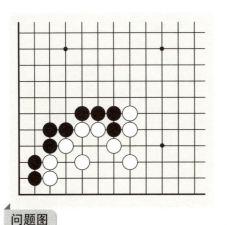

问题图

黑先。一看即可发现白棋的棋形存在弱点。那么请问黑棋应如何大幅度压缩白棋？

## 问题3解说

### 图1 正解

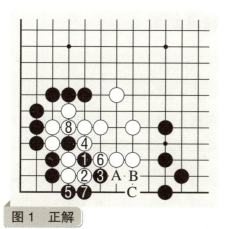
图1 正解

黑1、3连扳是不给白棋任何机会的官子手筋,白4、6不得已打拔,至黑7,黑棋先手压缩白棋。其后黑棋还有黑A、白B、黑C的渡过手段。

### 图2 变化

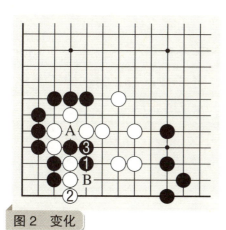
图2 变化

黑1扳时,白2如果下立,黑3连接则可以成立,其后黑棋在A位和B位中必居其一。

### 图3 失败

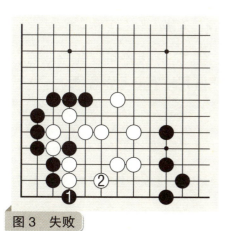
图3 失败

黑1扳虽是先手官子,但白2补棋后,黑棋与正解相比,差别很大。

## 问题 4 解说

### 图 1 正解 1

黑 1 断与白 2 交换后,黑 3 靠是问题的关键,白 4 被迫挡时,以下黑棋可大幅度侵蚀白空。

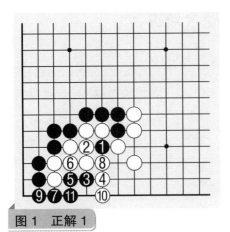

图 1 正解 1

### 图 2 正解 2

黑 3 与白 4 交换之前,黑 1 先靠也可成立,白 2 挡,以下至黑 5,结果与正解相同。

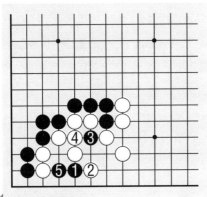

### 图 3 失败

黑 1、3 扳接可以先手收官,但与正解相比有 6 目的差距。

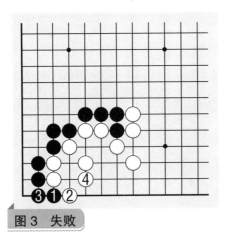

图 3 失败

## 问题 5

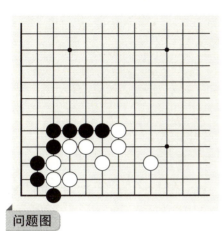

问题图

黑先。本题中黑棋官子的手筋有多处,黑棋不仅要考虑目数上的差别,也要考虑先后手的关系。那么请问黑棋的正确下法是什么?

## 问题 6

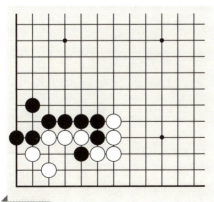

问题图

黑先。黑棋的第一手棋凭感觉即可发现,而其后的进行则比较困难。黑棋对被吃住的黑一子的利用如何,在目数上差别很大。那么请问黑棋正确的下法是什么?

## 问题5解说

### 图1 正解

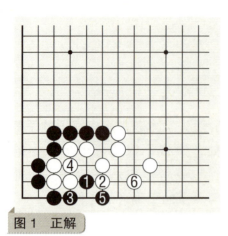

图1 正解

黑1靠是官子的手筋,白2挡是明智的,黑3以下至白6是双方的最佳进行。

### 图2 变化

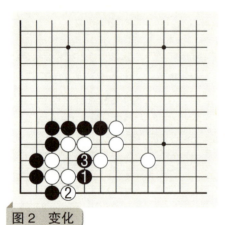

图2 变化

黑1靠时,白2挡无理,黑3长后,白棋已无法动弹。

### 图3 失败

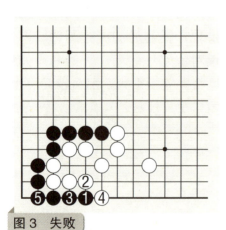

图3 失败

黑1跳虽也是官子手筋,但白2压后,白4挡正确,与正解相比,黑棋略不满。

## 问题 6 解说

### 图 1 正解

黑 1 跳是官子手筋，白 2 是最佳应手，黑 3 下立后，后续变化见图 2。

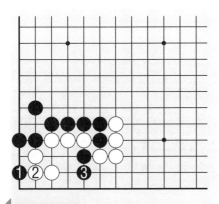

图 1 正解

### 图 2 正解继续

白 1 顶，不得已紧黑二子气时，黑 2 与白 3 交换后，黑 4、6 渡过，黑棋取得很大战果。

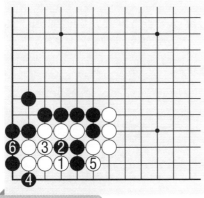

图 2 正解继续

### 图 3 变化

黑 1 时，白 2 断必须冒很大的风险，黑 3、5、7 是正确的次序，黑棋可以劫杀整块白棋。

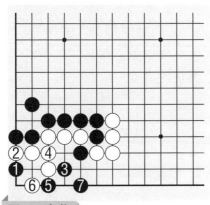

图 3 变化

## 问题 7 ▶▶

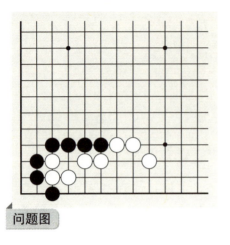

问题图

黑先。本题中黑棋如何利用对方不入气是关键，其中第一手棋非常重要。那么请问黑棋正确的下法是什么？

## 问题 8 ▶▶

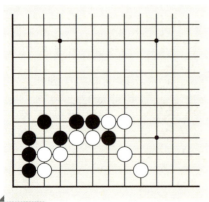

问题图

黑先。黑棋直接攻击白棋并不能成功，但利用白棋棋形的缺陷捞些便宜还是可以的。那么请问黑棋正确的下法是什么？

## 问题 7 解说

### 图 1　正解

黑1跳入白阵，白2不得已后退时，黑3以下至白6，可以先手收官。

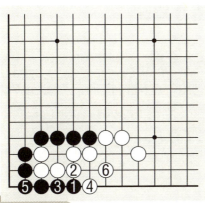

图1　正解

### 图 2　变化

黑1时，白2断无理，黑3与白4交换后，黑5断是正确次序，以下进行至黑11，双方下成打劫，黑棋是无忧劫。

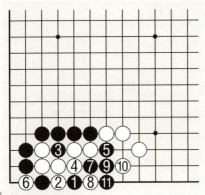

图2　变化

### 图 3　失败

黑1、3定形是俗手，与正解相比，黑损2目，而且还是后手。

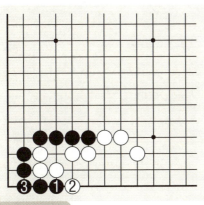

图3　失败

## 问题8解说

### 图1 正解

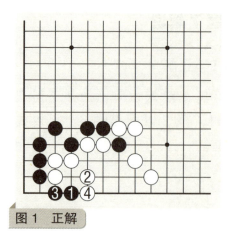

黑1点问白棋的应手是正确的,白2不得已后退时,黑3渡过,可以先手收官。

### 图2 变化

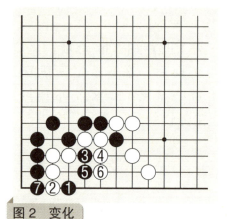

黑1时,白2不成立。黑3打吃后,黑5联络,由于不入气,白四子只好束手就擒。

### 图3 失败

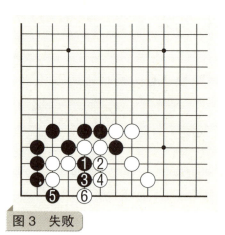

黑1与白2交换,黑棋丝毫未占便宜。黑3以下进行至白6,与正解相比,黑损1目。

## 问题 9

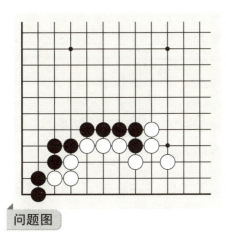

问题图

黑先。黑棋在本题中可以首先点以观察对方的动静,并根据对方的应手,来采取相应的行动。那么请问黑棋的正确下法是什么?

## 问题 10

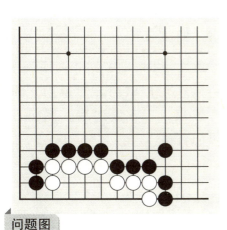

问题图

黑先。有时看似平常的手段即可让对方无法动弹,而过于追求技巧却适得其反。那么请问黑棋正确的下法是什么?

## 问题9解说

### 图1 正解

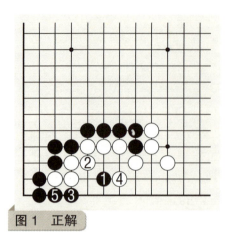

图1 正解

黑1点在白棋三子的中央,是当然的急所。白2连接时,黑3是连贯的手筋,以下白4、黑5,这是双方的最佳进行。

### 图2 变化1

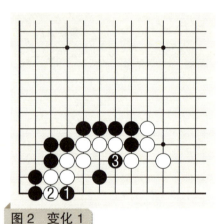

图2 变化1

黑1时,白2断无理,黑3断后,白棋整体被吃。

### 图3 变化2

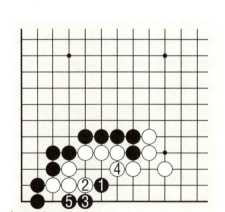

图3 变化2

黑1点时,白2如果顶,黑3扳,黑棋可以联络。白棋由于只能白4连接,黑5渡过后,黑棋比正解更加有利。

## 问题 10 解说

### 图 1 正解

黑 1 平常地扳问白棋应手，白 2 不得已后退时，黑 3 长，可以先手压缩白棋。

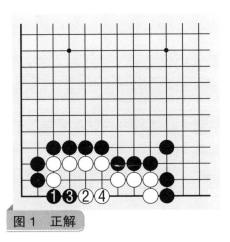

图 1 正解

### 图 2 变化

黑 1 扳时，白 2 挡无理，其后黑 3 断，白棋整体不活。

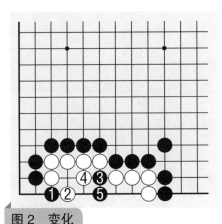

图 2 变化

### 图 3 失败

黑 1 点看似可以成立，但被白 2 顶住，黑棋没有任何手段。其后黑 3 即使断，但白 4 可打，黑棋失败。

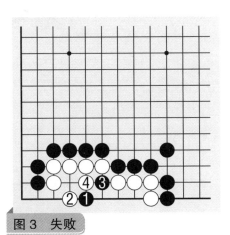

图 3 失败

## 问题 11 ▶▶

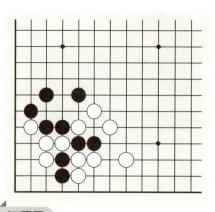

问题图

黑先。本题的关键不是要黑棋去吃住二路的白一子,而是以什么手段去攻击角地。那么请问黑棋正确的下法是什么?

## 问题 12 ▶▶

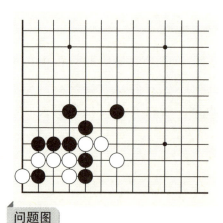

问题图

黑先。黑棋如何利用角上的黑一子,对将来的官子影响很大,而右侧被吃住的黑二子也可发挥很大作用。那么请问黑棋正确的下法是什么?

## 问题 11 解说

### 图 1 正解

黑1靠是官子手筋,白棋为避免纷争,而白2后退,黑3断后,黑棋的战果很大。以后黑A打吃还是黑棋的附加收益。

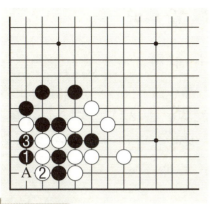

图1 正解

### 图 2 变化

黑1时,白2如果连接,黑3可以成立,白4虽打吃,但黑棋可以利用角的特殊性而下成打劫,白棋的负担极重。

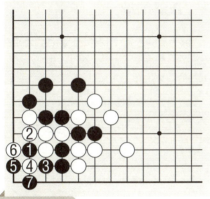

图2 变化

### 图 3 失败

黑1断打缺乏魄力,白4下立后,白角空不少。

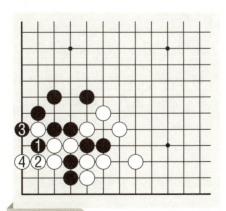

图3 失败

# 问题 12 解说

## 图 1 正解

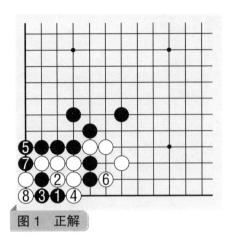
图 1 正解

黑 1 尖是在对方阵营中出棋的出发点，白 2 打吃时，黑 3 连接，以下进行至白 8，后续变化见图 2。

## 图 2 正解继续

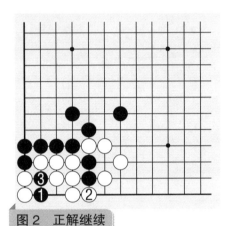
图 2 正解继续

黑 1 打吃，白棋由于无法连接，只好白 2 打吃，黑 3 得以提二子。

## 图 3 变化

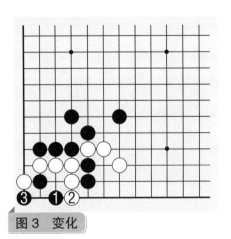
图 3 变化

黑 1 尖时，白 2 如果挡，黑 3 则可以做劫，这一劫对白棋来说负担很重，而黑棋几乎是无忧劫。

## 问题 13 ▶▶

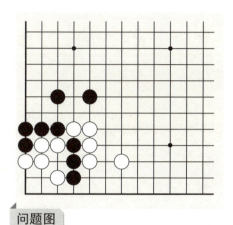

问题图

黑先。白棋虽吃住黑三子,但其棋形却存在致命的弱点。那么请问黑棋应如何利用角的特殊性攻击白棋的弱点?

## 问题 14 ▶▶

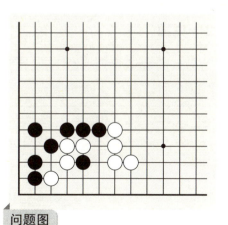

问题图

黑先。黑棋如何救活位于白阵中的黑棋一子?黑棋试图切断白棋之前,应首先做一个交换。那么请问黑棋正确的下法是什么?

## 问题13 解说

### 图1 正解

黑1抢占棋形的急所是攻击白棋弱点的手筋，白2连接，以下进行至黑5，双方下成打劫，白棋负担极重。

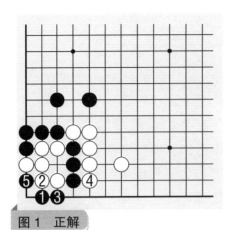

图1 正解

### 图2 变化

黑1点时，白2切断是大失误，黑3、5后，角已成为黑棋的领地。

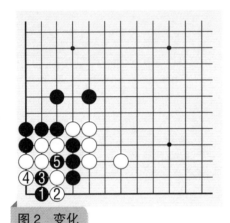

图2 变化

### 图3 失败

黑1虽看似急所，但方向错误，白2打吃后，白棋有眼杀黑棋无眼。

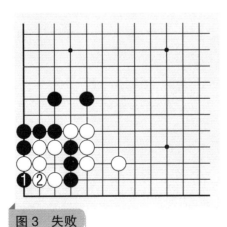

图3 失败

## 问题 14 解说

### 图 1 正解

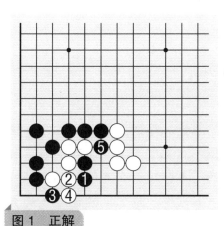

图1 正解

黑1下立是在白阵中出棋的出发点，白2阻止黑棋渡过，黑3扳绝妙，白4如果挡，黑5断后，白棋全灭。

### 图 2 变化

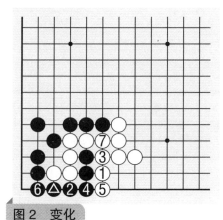

图2 变化

黑▲扳时，白1挡是白棋的本手，黑2渡，白3、5打后，白7连接是最佳进行，如此黑棋可以先手大幅度压缩白棋。

### 图 3 失败

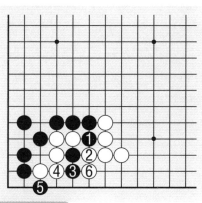

图3 失败

黑1与白2交换是大恶手，其后黑3即使下立，白4、6只需打吃，黑二子无法救活。

## 问题 15

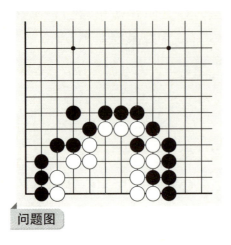

问题图

黑先。本题中的白空如果按目前的棋形计算，可达 10 目以上。但黑棋肯定不愿让这么大的空间全部成为白棋的领地。那么问黑棋的正确下法是什么？

## 问题 16

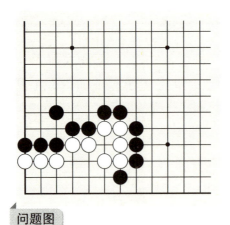

问题图

黑先。本题中的第一手棋比较容易发现，但其后的进行并不简单。黑棋对白棋不入气的利用如何是解决问题的关键。那么请问黑棋正确的下法是什么？

## 问题 15 解说

### 图 1 正解

黑1扳攻击白棋弱点,为避免被倒扑,白2只好提子,黑3、5则可以顺利紧气。

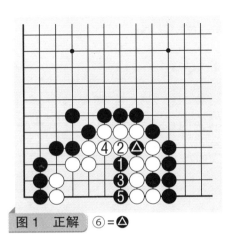

图1 正解　⑥=▲

### 图 2 正解继续

黑1跳,白2不可避免须连接,结果黑棋可以先手下成双活。

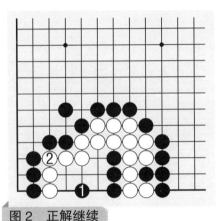

图2 正解继续

### 图 3 变化

图2中的白2如果脱先,黑1卡后,黑3顶,黑棋可以吃住整块白棋。因此黑▲跳时,白棋选择图2的补是明智的。

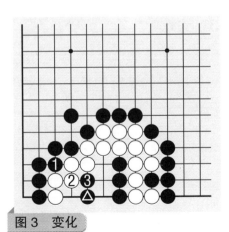

图3 变化

## 问题 16 解说

### 图 1　正解

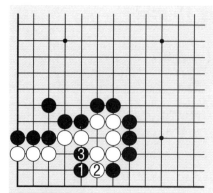

图 1　正解

黑 1 跳是大家都可考虑到的，但白 2 时，黑 3 挤却不易为大家所发现。

### 图 2　正解继续

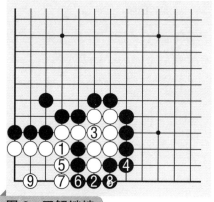

图 2　正解继续

白 1 补弱点，黑 2 打吃，白 3 以下进行至白 9 是双方的最佳进行，黑棋可以先手大幅度压缩白棋。

### 图 3　失败

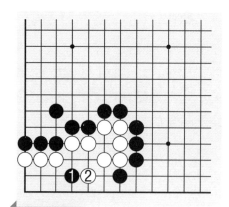

图 3　失败

黑 1 点看似可以成立，但白 2 占据急所后，黑棋的任何手段都不成立。

**问题 17** ▶▶

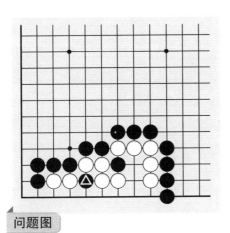

问题图

黑先。黑棋只有吃住白二子,才能救回黑▲一子,而如何让对方下成不入气是问题的关键。那么请问黑棋的正确下法是什么?

**问题 18** ▶▶

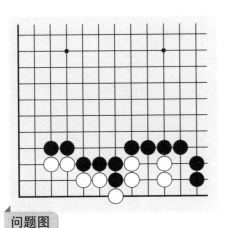

问题图

黑先。黑棋如果仅仅二路扳接,不能令人满意,黑棋完全可以利用白棋的不入气,而获取最大的利益。那么请问黑棋的正确下法是什么?

## 问题 17 解说

### 图 1 正解

黑 1 挖是绝妙的官子手筋，白棋为避免被倒扑而白 2 打吃，黑 3 下立，白棋两侧都不入气。

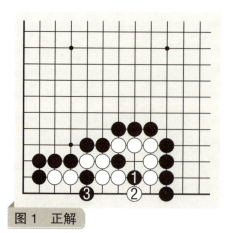

图 1 正解

### 图 2 变化

黑 1 挖时，白 2 如果提子，黑 3 可以倒扑白棋。

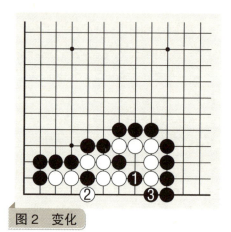

图 2 变化

### 图 3 失败

黑 1 下立可以成立，但白 2 以下至黑 5 是预想的次序，黑棋比正解损 1 目。

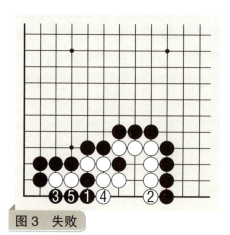

图 3 失败

## 问题 18 解说

### 图1 正解

黑1断是手筋，白2必须打吃，此时黑3下立是连贯的强手。白4如果连接，以下进行至黑7，黑棋可以吃住全部白棋。白4如果下在7位，黑棋在6位扳，白损失也很大。

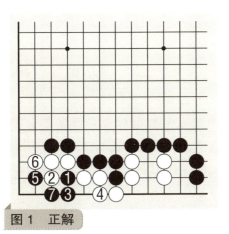

图1 正解

### 图2 变化

黑▲下立时，白棋放弃抵抗在1位扳是本手，以下黑2扑，白3长，是双方的最佳进行。

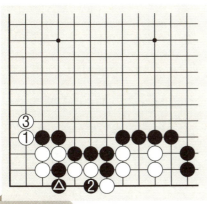

图2 变化

### 图3 失败

黑1、3扳接仅是平常的官子，至白4告一段落，黑棋失败。

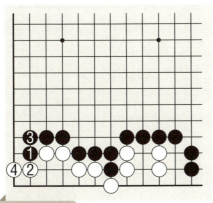

图3 失败

## 问题 19

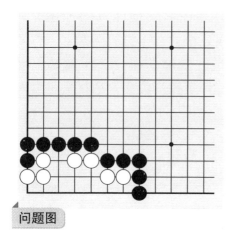

黑先。黑棋在本题中不可能吃住整块白棋，但如果次序正确，可以将白空限制在 2 目。那么请问黑棋正确的下法是什么？

问题图

## 问题 20

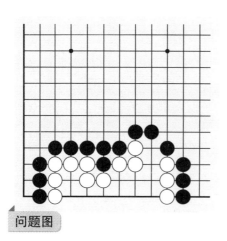

黑先。黑棋要吃住右侧的白三子应是易事，但如何吃，目数上有很大差别。那么请问黑棋正确的下法是什么？

问题图

## 问题 19 解说

### 图 1　正解

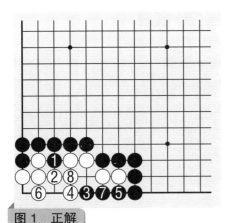

图 1　正解

黑 1 冲，白 2 挡时，黑 3 点是正确的次序，以下进行至白 8，白空只有 2 目，而且黑棋还可提白二子。

### 图 2　失败 1

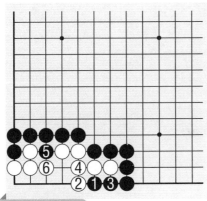

黑 1 虽看似手筋，但白 2 以下进行至白 6，白棋可以成 5 目。

### 图 3　失败 2

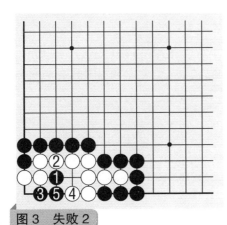

图 3　失败 2

黑 1 靠，其后黑 3 扳，至黑 5，可以下成双活。但由于黑棋是后手，没有占到便宜。

## 问题 20 解说

### 图 1 正解

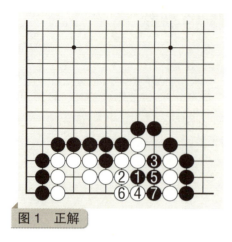

图 1 正解

黑 1 靠是最大限度地压缩白棋的手筋，白 2 必须连接，黑 3 挖，以下至黑 7，黑棋可以吃住白三子。

### 图 2 变化

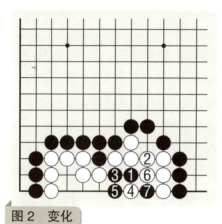

图 2 变化

黑 1 时，白 2 连接无理，黑 3 断，白 4、6 做劫，白棋的负担重。黑棋如果劫胜，左侧白棋全都不活。

### 图 3 失败

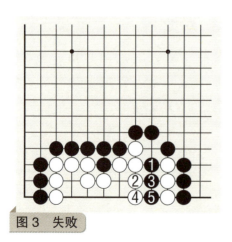

图 3 失败

黑 1 挖也可以成立，但白 2、4 补棋后，黑棋与正解相比差 2 目棋。

## 问题 21

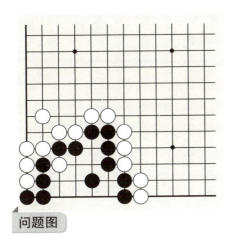

问题图

黑先。黑棋在本题中如果对本身的弱点看得过重的话，很容易做出放弃的判断。其实只要黑棋下出手筋，完全可以解决问题。那么请问黑棋的正确下法是什么？

## 问题 22

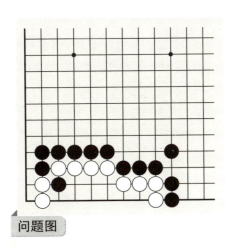

问题图

黑先。黑棋如能正确攻击白棋的弱点，将成为角的主人。那么请问黑棋正确的下法是什么？

## 问题 21 解说

### 图 1 正解

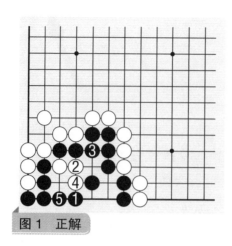

图 1 正解

黑 1 尖是正确的防守方法，白 2、4 攻击，进行至黑 5，黑棋没有任何毛病。

### 图 2 失败 1

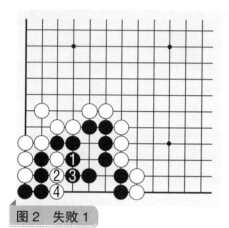

图 2 失败 1

黑 1 打吃自掘坟墓，以下黑 3、白 4，黑四子被吃。

### 图 3 失败 2

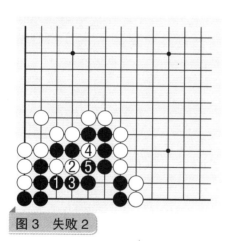

图 3 失败 2

黑 1 打吃同样是大恶手，白 2、4 后，黑 5 还须后手补棋。

## 问题 22 解说

### 图 1 正解

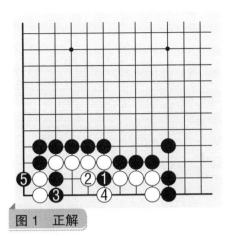

图 1 正解

黑 1 断问白棋的应手是极有意思的下法，白 2 被迫打吃时，黑 3 挡是连贯的次序，白棋为避免两侧不入气，只好白 4 提子，黑 5 得以吃白二子。

### 图 2 变化

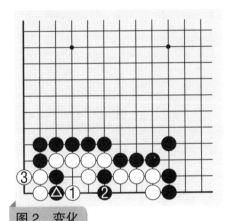

图 2 变化

黑▲挡时，白 1 打吃是大恶手，黑 2 下立，由于两侧都不入气，白棋大损。白 3 还必须后手做活。

### 图 3 失败

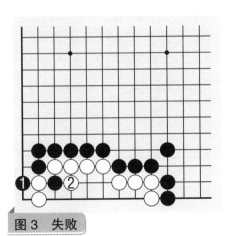

图 3 失败

实战中黑棋很可能下成黑 1 扳，白 2 则打吃，黑棋没占到任何便宜。

## 问题 23 ▶▶

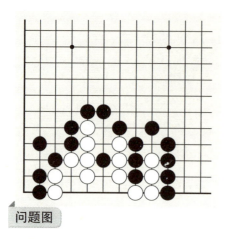

问题图

　　黑先。黑棋如行棋正确，可将整个白空限定在3目。那么请问黑棋正确的下法是什么？

## 问题 24 ▶▶

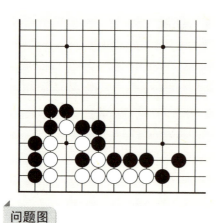

问题图

　　黑先。黑棋如果仅仅提白二子，不能令人满意。黑棋如能正确攻击，白棋要活棋，只好寄希望于打劫。那么请问黑棋的正确下法是什么？

## 问题 23 解说

### 图 1 正解

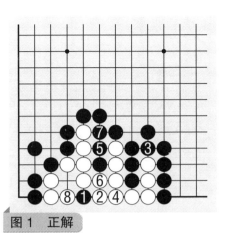

图 1 正解

黑 1 是手筋,白 2 被迫打吃时,黑 3、5 先手利用,黑 7 连接,至白 8,白空被限定在 3 目。

### 图 2 变化

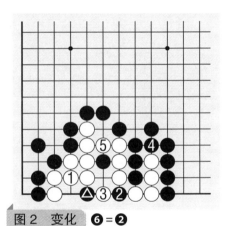

图 2 变化  ❻=❷

黑▲时,白 1 如果连接,黑 2 扑后,黑 4 打吃是正确的次序,白 5 不可避免地连,黑 6 提子,黑棋收获很大。

### 图 3 失败

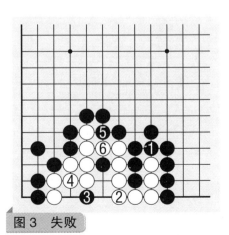

图 3 失败

黑 1 与白 2 交换是大恶手,其后黑 3 即使点,白 4 连接,黑 5、白 6 后,白空可达 7 目之多。

## 问题 24 解说

### 图 1 正解

黑1扳手筋，白2、4进行抵抗时，黑5提子，其后白棋如想活棋，只有寄希望于打劫。

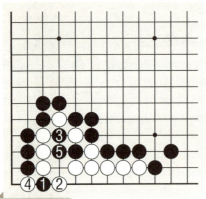

图 1 正解

### 图 2 变化

黑1扳时，白2挡是大失误，黑3提子后，白棋不论如何努力，都做不出两个眼。

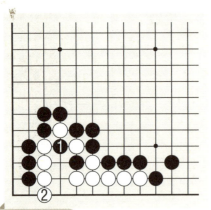

图 2 变化

### 图 3 失败

黑1提子因小失大，白2下立后，白空可以确保4目以上。

## 问题 25

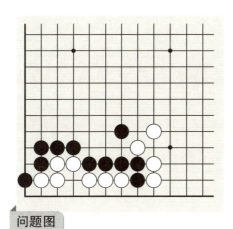

问题图

黑先。眼看白棋能做两个眼或渡过。请问黑棋应如何攻击白棋，才能有所收获？

## 问题 26

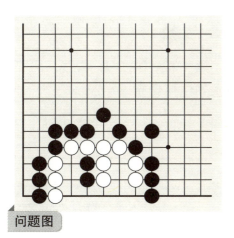

问题图

黑先。黑棋如能正确利用被吃住的黑二子，将有相当大的收获。其中第一手棋是成败的关键。那么请问黑棋的正确下法是什么？

## 问题 25 解说

### 图 1 正解

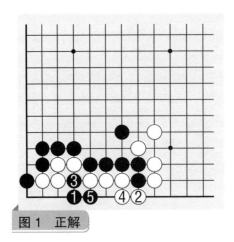
图 1 正解

黑 1 点是攻击白棋弱点的手筋，白 2 渡过时，黑 3 断，由于白棋不入气，黑棋可以吃住白四子。其中黑 3 如果下在 4 位扑，黑损 1 目。

### 图 2 变化

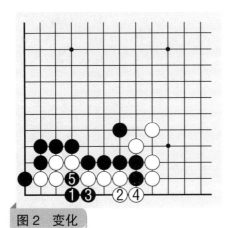
图 2 变化

黑 1 时，白 2 如果下立，黑 3 破眼是好棋，白 4 被迫渡过时，黑 5 断，结果与正解相同。

### 图 3 失败

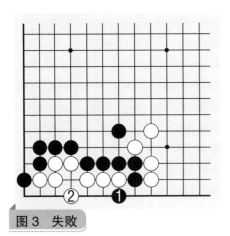
图 3 失败

黑 1 扳，白 2 补棋后，黑棋没有占到任何便宜。

## 问题 26 解说

### 图 1 正解

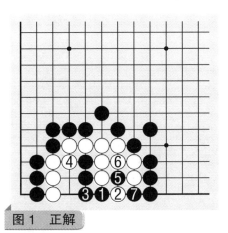

图 1 正解

黑 1 扳是手筋，白 2 打吃、白 4 连接时，黑 5、7 则是常用的手法，结果双方可以下成双活。如果打劫，白棋的负担太重。

### 图 2 变化

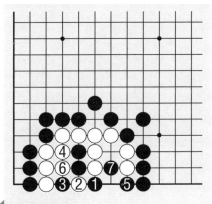

图 2 变化

黑 1 时，白 2 扑后，白 4 连接，白棋的目的是诱使黑棋下成接不归，但以下进行至黑 7，右侧白二子被吃。

### 图 3 失败

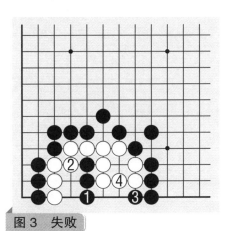

图 3 失败

黑 1 下立，白 2 连接，其后黑 3 攻击，白 4 补是好棋，结果黑棋没有收获。

## 问题 27

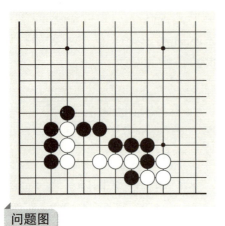

问题图

黑先。白棋的棋形看似很完整，但只要黑棋攻击正确，白棋将束手无策。黑棋如何利用被吃住的一子将是成败的关键。那么请问黑棋的正确下法是什么？

## 问题 28

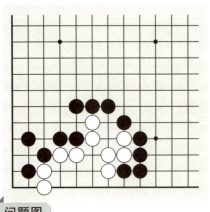

问题图

黑先。本题考察大家运用倒扑和渡过的基本官子手法。那么请问黑棋的正确下法是什么？

## 问题 27 解说

### 图 1 正解

黑 1 挖是攻击的出发点，白 2 如果打吃，黑 3 与白 4 交换是正确的次序，其后黑 5 可以滚打吃住白棋的尾巴。

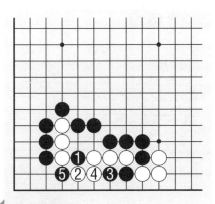

图 1 正解

### 图 2 变化 1

黑 1 时，白 2 如果打吃，黑 3 长是好棋，其后白 4 如果连接，黑 5 可以吃住整个白棋。

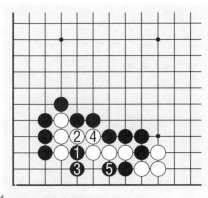

图 2 变化 1

### 图 3 变化 2

黑 1 挖时，白 2 下立是最顽强的抵抗，但黑 3 挡，以后白 A 时，黑 B 可以打吃。

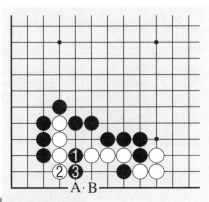

图 3 变化 2

## 问题 28 解说

### 图 1 正解

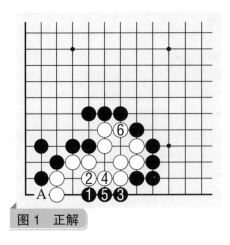

图 1 正解

黑 1 点是官子的手筋，白 2 只好补棋，此时黑 3 可以扳过，白 6 以后，A 位又是黑棋的先手。

### 图 2 变化

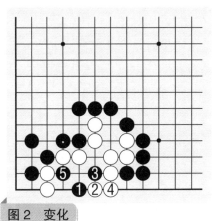

图 2 变化

黑 1 点时，白 2 阻渡无理，黑 3 打吃后，黑 5 断，白棋由于不入气，只好束手就擒。

### 图 3 失败

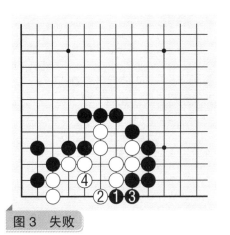

图 3 失败

黑 1、3 扳接，与正解相比目数上差别很大。

## 问题 29

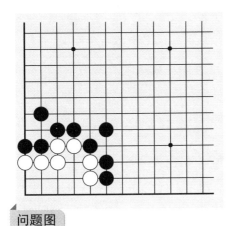

问题图

黑先。黑棋如果直接在一路扳接，白棋可得 7 目。黑棋如果能下出官子手筋，可以将白空限定在 4 目。那么请问黑棋正确的下法是什么？

## 问题 30

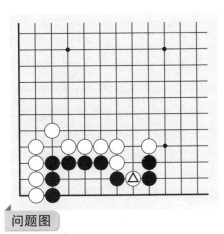

问题图

黑先。白△挖时，黑棋如何取得官子利益是目前面临的问题。那么请问黑棋的正确下法是什么？

## 问题 29 解说

### 图 1　正解

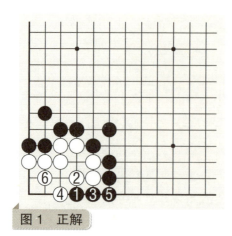

图 1　正解

黑 1 点是最大幅度地压缩白棋的手筋，白 2 补棋，以下进行至白 6，黑棋可以先手收官。

### 图 2　变化 1

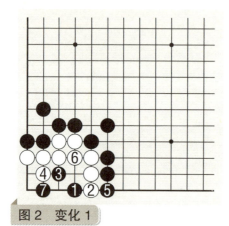

图 2　变化 1

黑 1 时，白 2 阻渡无理，黑 3 是攻击的急所，白 4 被迫补棋时，黑 5 先手利用后，黑 7 虎，双方不可避免地下成打劫。

### 图 3　变化 2

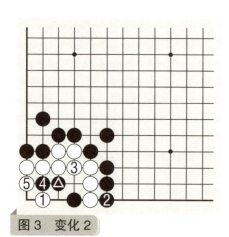

图 3　变化 2

黑▲时，白 1 跳补可以避免打劫，但以下进行至黑 5，白棋后手双活。因此白棋选择正解的进行是正确的。

## 问题 30 解说

### 图 1 正解

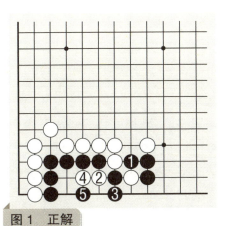

图 1 正解

黑 1 打吃白一子是正确的，白 2 打吃后，白 4 长虽令人担心，但由于黑 5 靠是好棋，不会出现异常情况。

### 图 2 失败 1

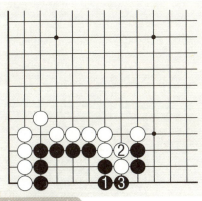

图 2 失败 1

黑 1 补棋过于胆小，白 2 接，黑 3 渡过，黑棋官子受损。

### 图 3 失败 2

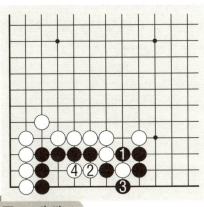

图 3 失败 2

黑 1、白 2 时，黑 3 提子错误，白 4 长后，黑棋要出大问题。

## 问题 31 ▶▶

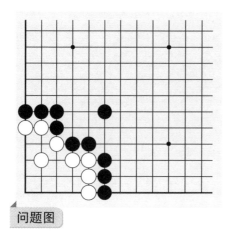

问题图

黑先。黑棋如果下得正确,可以在广阔的白阵中下成双活。第一手棋很容易考虑到,但其后的进行会面临很多困难。那么请问黑棋的正确下法是什么?

## 问题 32 ▶▶

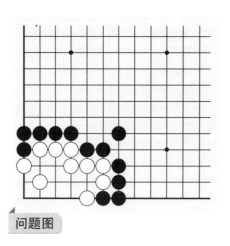

问题图

黑先。黑棋如果下得正确,可以在白阵中下成双活。那么请问黑棋的正确下法是什么?

## 问题 31 解说

### 图 1 正解

黑 1 点后，黑 3 跳是绝好的次序，其后的进行见图 2。

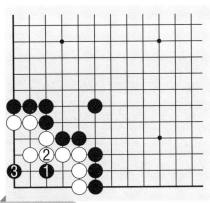

图 1 正解

### 图 2 正解继续

白 1 时，黑 2 与白 3 交换非常重要，接着黑 4 渡，双方下成双活。

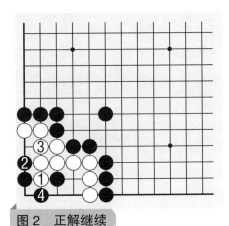

图 2 正解继续

### 图 3 变化

图 2 中的白 1 如果下成本图中的白 1 挡，黑 2 连接很好，其后白 3 时，黑 4 与白 5 交换后，黑 6 挡，黑棋可以先手下成双活。

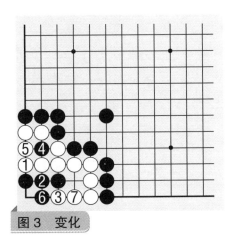

图 3 变化

## 问题 32 解说

### 图 1　正解

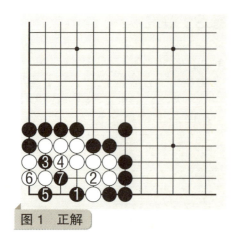

图 1　正解

黑 1 打吃是压缩白棋的出发点，白 2 如果连接，黑 3 扑，让白 4 提子，以下进行至黑 7，双方下成双活。

### 图 2　变化 1

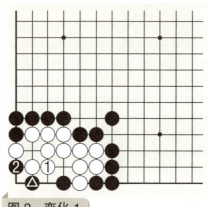

图 2　变化 1

黑▲靠时，白 1 如果做眼，黑 2 扑后，整块白棋要活棋只有寄希望于打劫。

### 图 3　变化 2

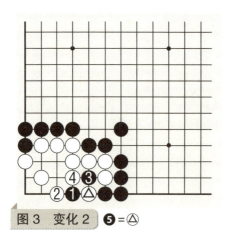

图 3　变化 2　❺=▲

黑 1 时，白 2 反打，黑 3 可提去白一子，白 4 打吃，白棋可以争得先手。

## 问题 33

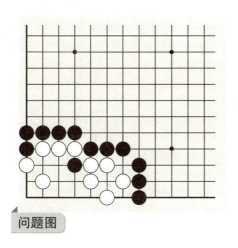

问题图

黑先。白棋形看起来比较理想，黑棋能否下出棋来，一时可能会看不准。但黑棋只要正确利用被吃住的黑一子，将可以获取利益。那么请问黑棋正确的下法是什么？

## 问题 34

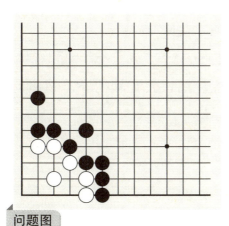

问题图

黑先。黑棋只有正确利用对方的不入气，才能有所收获，其中次序非常重要。那么请问黑棋的正确下法是什么？

## 问题 33 解说

### 图 1 正解

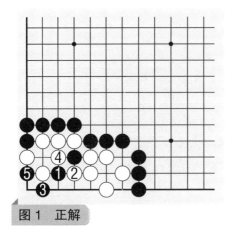

图 1 正解

黑 1 尖利用角的特殊性是官子手筋，白 2 打吃时，黑 3 扳是连贯的好棋，白 4 提子，黑 5 扑，双方下成打劫。

### 图 2 正解继续

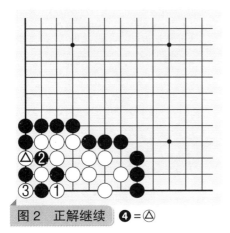

图 2 正解继续　❹=△

白 1 如果提子，黑 2 同样可以提子，以后白 3 打吃，黑 4 连接，双方告一段落，白棋的阵营被大幅度压缩。

### 图 3 失败

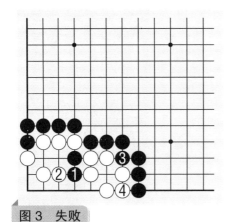

图 3 失败

黑 1 长，白 2 顶，黑 3 时，白 4 应，黑棋已无棋可下。白棋可得 13 目。

## 问题 34 解说

### 图1 正解

黑1靠是第一感觉，也是官子的手筋。白2必须补棋，黑3打吃，黑棋可以先手吃住白二子。

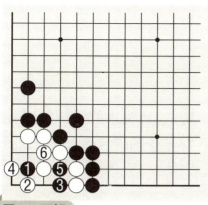

图1 正解

### 图2 变化

黑打吃时，白1连接是大恶手，黑2顶后，结果白棋全部被吃。

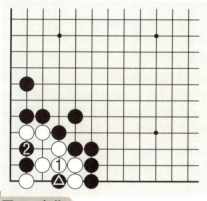

图2 变化

### 图3 失败

黑1夹，白2可以抵抗，其后黑3长，白4扳，黑棋已无任何棋可下。

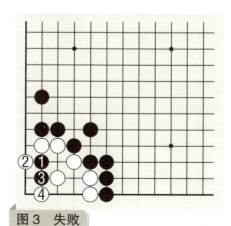

图3 失败

## 问题 35

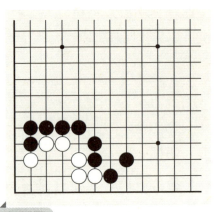

问题图

黑先。本题中的白棋空间虽然不小，但只要黑棋攻击正确，完全可以有所收获。那么请问黑棋的正确下法是什么？下成双活是双方的最佳进行。

## 问题 36

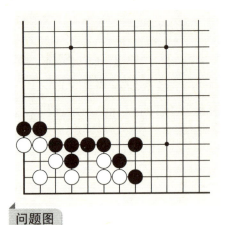

问题图

黑先。黑棋利用对方的棋形弱点可以下出非常精彩的官子手筋。那么请问黑棋的正确下法是什么？

## 问题 35 解说

### 图 1　正解

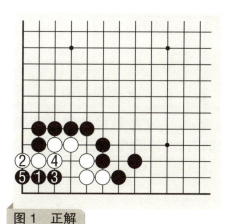

图 1　正解

黑 1 夹是攻击的开始，白 2 下立，黑 3 与白 4 交换后，黑 5 下立是正确的次序，后续变化见图 2。

### 图 2　正解继续

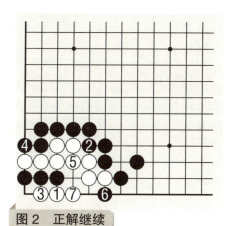

图 2　正解继续

白 1 是最佳防守，但黑 2、4、6 是正确的攻击次序，黑棋可以先手下成双活。

### 图 3　失败

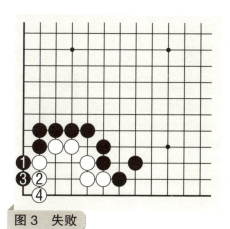

图 3　失败

如果是实战，黑棋很可能满足于黑 1、3 的先手，结果白棋有 6 目强。

## 问题 36 解说

### 图 1 正解

黑 1 挖是精彩的手筋,白 2 打吃、白 4 下立是最佳防守,至黑 5,黑棋可以先手吃住白三子。

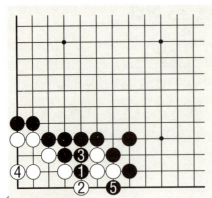

图 1 正解

### 图 2 变化 1

黑 1 时,白 2 如果打吃,黑 3 下立是强手,白 4 时,黑 5 扑后,黑 7 靠是绝妙的次序,以后黑棋在 A 位和 B 位中必居其一,白棋困难。

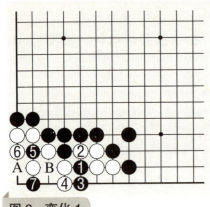

图 2 变化 1

### 图 3 变化 2

黑△扑时,白 1 连接可以避免纷争,但黑 2、白 3 后,黑棋可以先手吃住白二子。

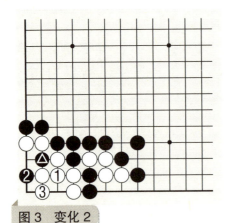

图 3 变化 2

## 问题 37

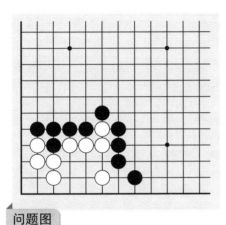

问题图

黑先。本题中的急所显而易见，问题是如何以一连串的下法攻击对方的弱点。那么请问黑棋正确的下法是什么？

## 问题 38

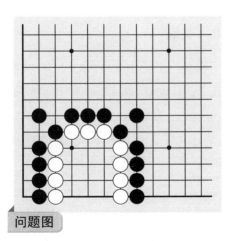

问题图

黑先。本题中的白空达 12 目之多，有点令人无法忍受。那么请问黑棋应如何最大幅度地压缩白棋？

## 问题 37 解说

### 图 1　正解

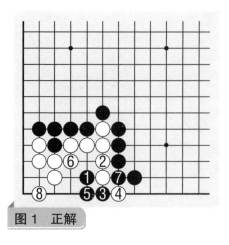

图 1　正解

黑 1 靠是位于三子中央的急所，白 2 如果连接，黑 3、5 扳接是正确的次序，白棋为避免被倒扑，只好白 6 连接，黑 7 后，达到了先手压缩白棋的目的。

### 图 2　变化

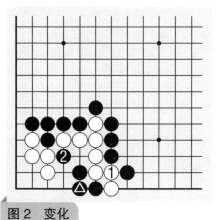

图 2　变化

黑△时，白 1 连接令人难以想象，黑 2 断后，白棋全部灭亡。

### 图 3　失败

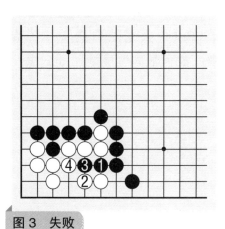

图 3　失败

黑 1、3 先利用不能令人满意，与正解相比，目数上有相当大的差别。

## 问题 38 解说

### 图 1 正解

黑 1 点是位于对称棋形中央的急所，白 2 如果托，黑 3 夹则是连贯的手筋。

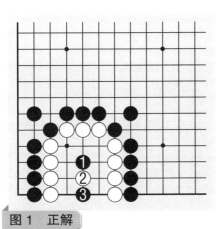

图 1 正解

### 图 2 正解继续

白 1 打吃，但黑 2 断后，黑 4、6 是正确的次序，双方下成双活。

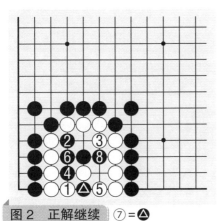

图 2 正解继续 ⑦=△

### 图 3 失败

白△托时，黑 1 挖是恶手，而白 2 下立却是正确的防守，其后黑 3 即使断，但白 4 连接，黑三子白白送死。

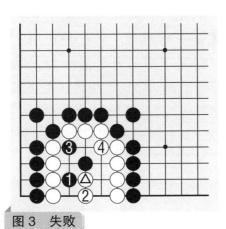

图 3 失败

## 问题 39

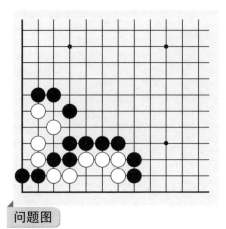

问题图

黑先。黑棋如果能巧妙下出手筋，可以利用接不归而将右侧的白四子吃住。那么请问黑棋的正确下法是什么？

## 问题 40

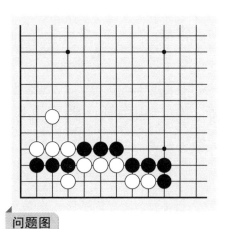

问题图

黑先。黑棋只有利用角的特殊性才能下出棋来。无论是在角上活棋，还是下成打劫，黑棋都是极大的成功。那么请问黑棋正确的下法是什么？

## 问题 39 解说

### 图 1 正解

黑 1 断是攻击的出发点，白 2 打吃时，黑 3 打吃后，黑 5 连接。

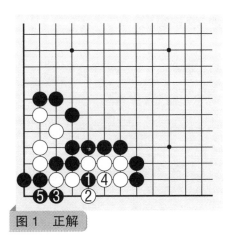

图 1 正解

### 图 2 正解继续

白 1 只好紧气，黑 2、4 也紧气，白 5 提子是绝对的，黑 6 打吃时，白棋由于接不归，无法接回白五子。

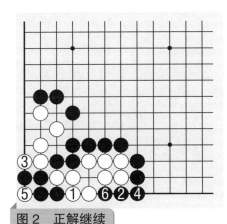

图 2 正解继续

### 图 3 失败

黑 1 扳，白 2 时，黑 3 先手利用，与正解相比，黑不能满足。

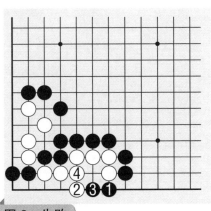

图 3 失败

# 问题 40 解说

## 图1 正解

黑1断是手筋，白2时，黑3打吃是准备好的强手，其后白4如果长出，黑5打吃后，整块白棋死活只能寄希望于打劫。

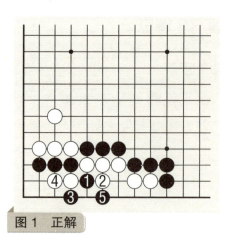

图1 正解

## 图2 变化1

黑▲时，白1如果提子，黑2挡可以成立，其后白3提，黑4、6在角上活棋是可以接受的结果。

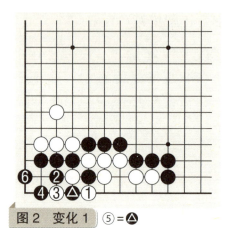

图2 变化1　⑤=▲

## 图3 变化2

黑1时，白2如果打吃，黑3扑是手筋，白4长，黑5以下至白8，黑棋可以先手吃住白二子。其中白4如果去提黑一子，将还原成变化1的进行。

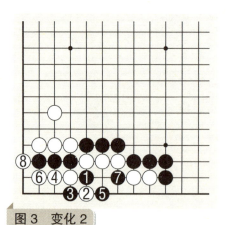

图3 变化2

## 问题 41

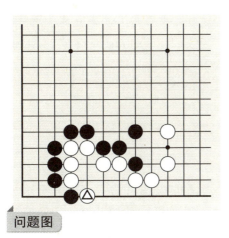

问题图

黑先。黑棋在一路扳时,白△立即挡,其实白棋的这手棋是失误。那么请问黑棋追攻白棋失误的手筋是什么?

## 问题 42

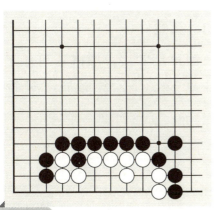

问题图

黑先。一看就可以发现白棋的棋形不好。可供选择的下法虽有几种,但真正正确的只有一种。请问正确的下法是什么?

## 问题 41 解说

### 图 1 　正解

黑 1 断是手筋，白 2 如果提子，黑 3 打吃则可以成立，白 4 只好连接，至黑 5，双方下成打劫，但白棋的负担重。

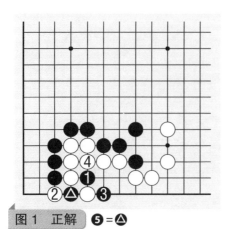

图 1　正解　❺ = △

### 图 2 　变化

黑△打吃时，白 1 连接不成立，黑 2、黑 4 即可吃住白棋。

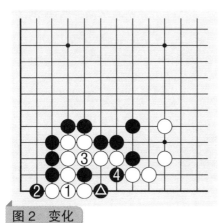

图 2　变化

### 图 3 　失败

如果是实战，黑棋很可能下成黑 1 连接，白 2 补棋后，暂告一段落。

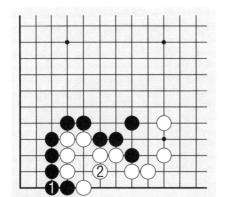

图 3　失败

## 问题 42 解说

### 图 1　正解

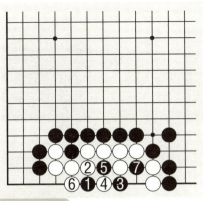

图 1　正解

黑 1 点是手筋，白 2 时，黑 3 是连贯的强手，以下进行至白 6，白棋虽可利用黑棋接不归而做活，但黑 7 可以吃住白二子。

### 图 2　变化 1

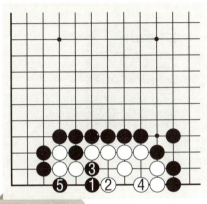

图 2　变化 1

黑 1 点时，白 2 如果尖，黑 3 断可以成立，白 4 必须补棋，黑 5 可以吃住白三子。

### 图 3　变化 2

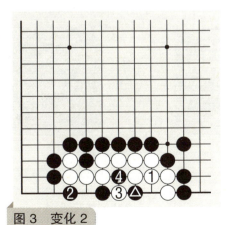

图 3　变化 2

黑△时，白 1 连接有相当的风险，黑 2 扳，以下白 3、黑 4，白棋下成生死大劫。

# 曹薰铉、李昌镐精讲围棋系列

**第一辑**

精讲围棋官子 . 官子计算
精讲围棋官子 . 官子手筋
精讲围棋官子 . 官子次序

**第二辑**

精讲围棋棋形 . 定式常型
精讲围棋棋形 . 棋形急所
精讲围棋棋形 . 手筋常型

**第三辑**

精讲围棋布局 . 布局基础
精讲围棋布局 . 布局技巧
精讲围棋布局 . 布局实战1
精讲围棋布局 . 布局实战2
精讲围棋布局 . 布局实战3

---

**第四辑**

精讲围棋定式 . 星定式
精讲围棋定式 . 小目定式
精讲围棋定式 . 目外高目三三定式
精讲围棋定式 . 定式选择
精讲围棋定式 . 定式活用

**第五辑**

精讲围棋对局技巧 . 基本技巧
精讲围棋对局技巧 . 接触战
精讲围棋对局技巧 . 实战对攻

---

**第六辑**

精讲围棋中盘技巧 . 打入与侵消
精讲围棋中盘技巧 . 攻击
精讲围棋中盘技巧 . 试应手

**第七辑**

精讲围棋手筋 . 1
精讲围棋手筋 . 2
精讲围棋手筋 . 3
精讲围棋手筋 . 4
精讲围棋手筋 . 5
精讲围棋手筋 . 6

**第八辑**

精讲围棋死活 . 1
精讲围棋死活 . 2
精讲围棋死活 . 3
精讲围棋死活 . 4
精讲围棋死活 . 5
精讲围棋死活 . 6